مهارات العمل الاجتماعي

الدكتور فيصل محمود الغرايبة

دار وائل للنشر

الطبعة الأولى

2008

رقم الايداع لدى دائرة المكتبة الوطنية : (2007/10/3228)
الغرايبة، فيصل محمود
مهارات العمل الاجتماعي / فيصل محمود الغرايبة.
- عمان ، دار وائل ، 2007 .
(211) ص
ر.إ. : (2007/10/3228)
الواصفات: العمل الاجتماعي / الخدمات الاجتماعية
* تم إعداد بيانات الفهرسة والتصنيف الأولية من قبل دائرة المكتبة الوطنية

****

رقم التصنيف العشري / ديوي : 361.4
(ردمك) ISBN 978-9957-11-739-9

* مهارات العمل الاجتماعي
* الدكتور فيصل محمود الغرايبة
* الطبعة الأولى 2008

* جميع الحقوق محفوظة للناشر

دار وائل للنشر والتوزيع

* الأردن – عمان – شارع الجمعية العلمية الملكية – مبنى الجامعة الاردنية الاستثماري رقم (2) الطابق الثاني
هاتف : 00962-6-5338410 – فاكس : 00962-6-5331661 - ص. ب (1615 - الجبيهة)
* الأردن – عمان – وسط البلد – مجمع الفحيص التجاري- هاتف: 00962-6-4627627
www.darwael.com
E-Mail: Wael@Darwael.Com

الفهرس

المقدمـــة

منذ أن عَرَفْتُ الخدمة الاجتماعية كتخصص دراسي، وكان ذلك في أوائل الستينيات من القرن الماضي ,وأنا أجد أن أول نقطة تناقشها كتب هذا التخصص هي محاولة إثبات أن الخدمة الاجتماعية مهنة ذات علم وفن، وفي ذلك جهد يرسخ في الأذهان أن دراسة الخدمة الاجتماعية ليست دراسة نظرية، تسعى لبناء معرفي لمجرد المعرفة، التي تساعد على الحكم على الأمور باتخاذ المواقف وتكوين وجهات النظر الخاصة، وإنما هي دراسة تسعى إلى بناء معرفي، يفهم صاحبه الإنسان بفردانيته وجماعيته ومجتمعيه، لا لمجرد الفهم فحسب , بل لتمكين الدارس المتخصص من التعامل مع الإنسان فرداً وجماعةً ومجتمعاً.

أن هذا التمكين الذي يوفره البناء المعرفي في الحقيقة، لا يتأتى من ذلك البناء المعرفي وحده، إنما يحتاج إلى براعة في استخدامه ودراية للاستفادة منه ، وهذا ما يسعى إليه فن الخدمة الاجتماعية، حين يركز على الأساليب والتقنيات، أو حتى عندما يركز أكثر على التمسك بالفلسفة الديمقراطية والمبادئ الإنسانية والمثل العليا للخدمة الاجتماعية ، التي وضعت إطار أخلاقياتها المهنية ضمن هذه الفلسفة والمبادئ والمثل.

ومضت الخدمة الاجتماعية إلى ابعد من ذلك، عندما وضعت البناء المعرفي في كفة والأساليب والتقنيات والمبادئ في كفة أخرى ، لتحقق توازناً على صعيد الأداء من قبل هؤلاء الدارسين، الذين يتخرجون كممتهنين للخدمة الاجتماعية، ما دامت توفرت فيهم صفات المعرفة والإتقان ، وانعكس ذلك على الأداء ، بحيث يصبح من العسير أن يمارس الممتهن الاجتماعي أو الاختصاصي الاجتماعي عملا غير عمل الخدمة الاجتماعية، مثلما يصبح من العسير أن يمارس الخدمة الاجتماعية غير ذلك الممتهن.

من هنا جاءت فكرة هذا الكتاب، الذي يركز على المهارات المهنية للخدمة الاجتماعية، والتي تقتضي الضرورة وتحتم الدراسة المنهجية، أن يتقنها كل من درس الخدمة الاجتماعية، والتحق بالعمل في أحد مجالاتها, وازداد إتقاناً لفنونها مع مضيه بالممارسة وتزايد خبرته.

ومن جهة أخرى فقد أخذت بالاتجاه الحديث لتسمية المهنة التي شاعت تسميتها بالخدمة الاجتماعية وخاصة في أدبيات المدرسة المصرية ,لتعرفه بصورة أوسع بمهنة العمل الاجتماعي ترجمه لمصطلح " Social Work" والذي تعتبره المدرسة المصرية تدليلاً على أحدى آليات طريقة تنمية المجتمع، الذي يقابله مصطلح " Social Action " والذي يدل على الفعل الاجتماعي، أي مجموعة الإجراءات التي يقوم بها أعضاء المجتمع من أجل تطويره وتنميته.

وإذا كنا لا تهمنا الكلمات بقدر ما تهمنا الأفعال المفضية إلى انجازات لصالح المجتمع ,فإننا نرجع إلى الإطار المفاهيمي السائد ,ونطلق على ما يتضمنه هذا الكتاب مهارات العمل الاجتماعي تماشياً مع هذا الاتجاه.

وقبل أن نلج فصول الكتاب رأيت من المستحسن أن أتناول مفهوم المهارة في حد ذاته محوراً رئيسياً للكتاب.إذ يعود الاهتمام بالمهارات الاجتماعية على اعتبارها من العناصر المهمة، التي توجه التفاعلات اليومية للإنسان مع المحيطين به، في مختلف المواقف والمناسبات ,والتي تعد في حال اتصافها بالكفاءة من ركائز التوافق النفسي على المستويين الشخصي والمجتمعي ,وإذا فصلنا القول في مزايا ارتفاع مستوى المهارة فإننا نجدها في تمكين الفرد من إقامة علاقات وثيقة مع المحيطين به والحفاظ عليها ,من منطلق أن إقامة علاقات ودية من مؤشرات الكفاءة في العلاقات الفردية ,وتعريف المهارة في الاصطلاح اللغوي هي الحذق في الشيء، ويقال: مهر الشيء ومهر فيه وبه أي احكمه وصار به حاذقا فهو ماهر، فالمهارة تعنى القدرة على القيام بالأعمال المعقدة بسهوله ودقة، مع القدرة على التكيف في الأداء مع الظروف المتغيرة, أما المهارة في الخدمة الاجتماعية فهي براعة الأخصائي الاجتماعي بعمليات الاتصال ودراسة المشكلات والقدرات

والاحتياجات والموارد، والربط في ما بينها لإحداث التغيير في الشخصية أو البنية الاجتماعية، وخلاصة القول أن المهارة في الخدمة الاجتماعية أو العمل الاجتماعي تدلل على القدرة على تطبيق المعلومات النظرية بفاعليه واستخدام الخبرات المهنية لتحقيق عملية التأثير الاجتماعية بمساعدة وحدات العمل بفاعليه.

الفصل الأول

مهــــارات إجرائيــة

أولا: مهارة الاتصال

الاتصال مع الأفراد :

يبدأ أول اتصال بين الأخصائي الاجتماعي (كمرسل) وصاحب الحالة (كمستقبل) منذ اتصال صاحب الحالة بالمؤسسة وتقدمه بطلب للمساعدة، وهنا يبدأ الأخصائي الاجتماعي بممارسة مهاراته الاتصالية في صورة مقابلات متعددة لتستمر العملية، ولكي تنجح المقابلة في تحقيق أهدافها الاتصالية، يجب أن تتوافر لدى أخصائي خدمة الفرد مجموعة من المهارات التي تمكنه من إتمام عملية الاتصال:

1- المهارة في صياغة وطرح السؤال على صاحب الحالة.

2- المهارة في الإنصات والاستماع الجيد لكل ما يدلي به صاحب الحالة من أقوال.

3- المهارة في ملاحظة الاتصالات اللفظية وغير اللفظية.

4- مهارة التعليق المناسب وسرعة الاستجابة.(الغزاوي، ص80)

قد يقوم الفرد بنفسه ببدء عملية الاتصال عن طريق تقدمه بطلب للمساعدة، وفي الغالب يصاحبه نوع من التردد والخوف والقلق، وذلك يتطلب أن تكون لدى أخصائي خدمة الفرد المهارة في تخليصه من تلك المشاعر السلبية، ومحاولة كسب ثقته من خلال الترحيب به واحترامه وتقبله له، وبهذا يشعر بالأمن والطمأنينة، ويستمر في الاتصال بالأخصائي والمؤسسة، ولكن في حالات أخرى فإن الأخصائي هو الذي يبدأ العملية الاتصالية.(عبد اللطيف، ص66)

الاتصال مع الجماعات :

يحتاج الأخصائي الاجتماعي إلى المهارة في عقد اجتماعات للجماعة وإدارة تلك الاجتماعات، من أجل التعرف على حاجات وميول ورغبات أعضاء الجماعة، ومناقشة أهم المشاكل التي تواجه الجماعة، وهذا يتوقف على مهارته في اقتراح البرامج والأنشطة التي تشبع حاجات الجماعة، والتعرف على حاجات الجماعة تتطلب من الأخصائي مهارة الإنصات لأحاديث الأعضاء بكل تركيز، فهذا يشعر الجماعة باهتمام الأخصائي بهم، مما يؤدي إلى تقوية العلاقات المهنية والاتصالية بين الأخصائي والجماعة.

ويفترض أن تكون لدى الأخصائي الاجتماعي المهارة في ملاحظة تصرفات وسلوكيات الجماعة، والقيام بتسجيل تلك الملاحظات وعرضها على الجماعة من خلال الاجتماعات الدورية، فيساهم ذلك في تدعيم السلوك المرغوب والحد من السلوك غير المرغوب.

يتطلب الاتصال بالجماعة مهارة الأخصائي الاجتماعي في التعرف على شبكة العلاقات الاجتماعية بين الأعضاء وطبيعة القنوات الاتصالية، وأن تكون لديه المهارة في اتخاذ خطوات مقصودة لتوجيه التفاعل الاجتماعي بين الأعضاء وتوزيع العمليات الاتصالية فيما بينهم، وتدعيم الولاء والروح المعنوية بين الأعضاء.(مهدلي، ص40)

مهارة الاتصال بالجماعة

لإيضاح دور الأخصائي الاجتماعي مع الجماعات والمهارات التي يمكن أن يستخدم الاتصال بها، نورد مثالا على هذا الدور وهذه المهارات عندما فكر الأخصائي الاجتماعي في مناقشة ظاهرة التدخين التي برزت لدى أعضاء الجماعة وهم من الشبان المراهقين.

إن المهارات التي يفترض أن يتمتع بها الأخصائي الاجتماعي عند عمله مع هذه الجماعة تتمثل بما يلي:

1- المهارة في تحديد أهداف عملية الاتصال مع الجماعة.

2- المهارة في تحديد عناصر الاتصال مع الجماعة.

3- المهارة في تحديد مواضيع عملية الاتصال مع الجماعة.

4- المهارة في تحديد العوامل التي تساعد على نجاح عملية الاتصال مع الجماعة.

5- المهارة في تحديد أهداف عملية الاتصال مع الجماعة. [1]

لعملية الاتصال أهداف محددة وهي تنقسم الى نوعين من الأهداف:

- **الهدف العام**: وهو الهدف الرئيسي الذي من أجله جمع الأخصائي الاجتماعي جماعة الشباب.

- **الأهداف الفرعية**: وهي تلك الأهداف التي تنـدرج تحـت الهـدف العـام وهـي بـدورها توصل الأخصائي الاجتماعي إلى الهدف العام. [2]

---

(1) محمد محمود: الاتصال الاجتماعي في الخدمة الاجتماعية/ المكتب الجامعي الحديث.

(2) أنظر:

1- جلال الدين الغزاوي (2001م)، مهارات الممارسة في العمل الاجتماعي، الكويت: منشورات ذات السلاسل.

2- سوسن عثمان عبد اللطيف (2001م)، الاتصال في الخدمة الاجتماعية، القاهرة: مكتبة عين شمس.

3- سوسن عثمان عبد اللطيف (2002م)، وسائل الاتصال في الخدمة الاجتماعية، الإسكندرية: المكتب الجامعي الحديث.

4- محمد البدوي الصافي (2003م)، المهارات المهنية للأخصائي الاجتماعي، الإسكندرية: المكتب الجامعي الحديث.

5- محمد محمود مهدلي (2005م)، الاتصال الاجتماعي في الخدمة الاجتماعية، الإسكندرية: المكتب الجامعي الحديث.

6- www.ishraf.gotevot.edu.ae/raeding/com_skills.h

والأهداف ترتبط بطبيعة الذين من المؤمل وصول الرسالة إليهم، فهم من يحددون الهدف ما إذا كان علاجيا أو ثقافيا أو إرشاديا أو ترفيهيا، وعندما يتعامل الأخصائي الاجتماعي مع الجماعة، تكون المهارة المطلوب في تحديد الهدف العام من جراء الاتصال بالجماعة، والمتمثل في توعية الشباب بمخاطر التدخين، وبعد تحديد الهدف العام ينبغي تحديد الأهداف الفرعية التي توصلنا إلى الهدف العام، وهي من المهارات التي ينبغي على الأخصائي الاجتماعي أن يتحلى بها.

تلك الأهداف الفرعية تتمثل في ما يلي:

1- المهارة في إقناع أفراد الجماعة بأن التدخين أمر سيىء لا نفع فيه.

2- المهارة في إزالة الإدعاءات الكاذبة مثل ما يشاع بأن التدخين أحد العوامل الرئيسية التي تقلل من حدة العصبية والتوتر.

3- المهارة في توعية أعضاء الجماعة حول الآثار السلبية من وراء التدخين.

4- المهارة في كيفية إعداد أعضاء الجماعة على مواجهة التدخين ودعوة المدخنين بالتراجع عن التدخين.. الخ من المهارات التي يجب توافرها.

ويقوم الأخصائي الاجتماعي بدور المُرسل حيث يقدم الرسالة إلى أعضاء الجماعة ولكي يكلل دوره كمرسل بالنجاح فإنه يستخدم المهارات التالية:

- الإلمام بجوانب موضوع التدخين.

- عدم تناقض قوله مع فعله، بمعنى آخر أن لا يذكر الجماعة بمخاطر التدخين، وفي نفس الوقت يقوم بالتدخين.

- تطبيق مهارة الاتصال، حتى يتمكن من إيصال الرسالة كاملة إلى أعضاء الجماعة أجمعين بنجاح.

- طرح الموضوع بأسلوب مبسط وواضح ودقيق.

- تقبل آراء الجماعة والاستماع إليها بوعي.

- الإيمان بأن التدخين مضر ومقتنع هو بذلك.

أما **المرسل إليه**: فهي الجماعة وكل عضو فيها، فهـم ركـن أسـاسي في عمليـة الاتصـال وبـدونهم لا يتحقـق الاتصال، ويجب على الأخصائي الاجتماعي أن يساعد على إيصـال الرسـالة إلى جميـع أعضـاء الجماعـة دون استثناء، باستيعاب تام لمحتوى الرسالة.

أما **الأداة**: وهي الوسيلة التي بواسطتها توجه الرسالة، وتتخذ الوسيلة أنماطا متعددة تتسع دائرتها كلما مر الزمان وتطور، ويستطيع الأخصائي الاجتماعي أثنـاء تطبيقـه لمهـارة الاتصـال مـع الجماعـة بالتوعيـة حول مخاطر التدخين عن طريق المهارات التالية: [1]

- المهارة في إلقاء وعقد المحاضرات.

- المهارة في كيفية وضع الملصقات.

- المهارة في كيفية نشر وتحرير النشرات.

- المهارة في صياغة الكتيبات.

- المهارة في عرض الصور المعبرة.

- المهارة في كتابة التقارير المتعلقة بموضوع التدخين.

- المهارة في الدراسة والتشخيص والعلاج.

- المهارة في حسن اختيار الخبراء والمتخصصين حول ظاهرة التدخين.

- المهارة في اختيار الوقت المناسب عند إقرار ما سوف يطبقه من المهارات السابقة.

---

(1) محمد مهدلي: الاتصال الاجتماعي في الخدمة الاجتماعية/-ط.1. (المكتب الجامعي الحديث- الإسكندرية).

المهارة في تحديد موضوعات عملية الاتصال مع الجماعة: [1]

يجد الأخصائي الاجتماعي مواضيع كثيرة أثناء عمله مع الجماعة في موضوع مكافحة التدخين، من المناسب أن يستخدم معها المهارات التالية:

1- المهارة في تحديد ما هو التدخين؟

2- المهارة في تحديد آثار التدخين على الإنسان من الجوانب الصحية والنفسية والعقلية والجسمية.

3- المهارة في حصر الأسباب التي تقود إلى التدخين.

4- المهارة في تحديد مراحل إدمان التدخين والعوامل التي تعقب الإدمان.

5- المهارة في تحديد الأمراض المختلفة التي تنجم جراء التدخين.

6- المهارة في جمع المعلومات عن ظاهرة التدخين في المجتمع.

7- المهارة في تخير المسائل الفقهية الدينية حول التدخين ورأي العلماء فيه.

8- المهارة في تحديد البدائل التي تعوض عن التدخين.

9- المهارة في الإطلاع على الحالات السابقة والتعرف على كيفية علاجها.

المهارة في تحديد العوامل التي تساعد على نجاح عملية الاتصال مع الجماعة: [2]

لا شك أن الأخصائي الاجتماعي من خلال استخدامه لمهارة الاتصال مع الجماعة، يريد أن يحقق النجاح من جراء هذه العملية الاتصالية، ولا يتم نجاح هذه العملية إلا إذا أدرك الأخصائي هذه المهارة التي تساعده في نجاحها وهي كالتالي:

* أن تكون الرسالة المراد توصيلها للجماعة تتناسب مع مكونات شخصياتهم.

_____

(1) عبد اللطيف سوسن عثمان: وسائل الاتصال في الخدمة الاجتماعية/ مكتبة عين شمس. الطبعة الأولى/ القاهرة/ 1994 مرجع سابق.

(2) محمد مهدلي، الاتصال الاجتماعي في الخدمة الاجتماعية/. –ط.1.- (المكتب الجامعي الحديث – الإسكندرية).

- أن تكون الرسالة صادقة.

- أن تكون الرسالة مركزة وواضحة وسلسة وقصيرة.

- أن تتصف الرسالة بالسهولة من حيث الصياغة.

- أن تستخدم جميع المؤثرات الصوتية والمرئية والمكتوبة والرمزية وغيرها.

- أن يستشهد بالحالات السابقة.

- أن يستعين بالخبراء والمتخصصين لأخذ مشورتهم.

- أن لا تأخذ الرسالة شكلا ونمطا أحاديا، أي أن لا يتكون الرسالة تلقينية من قبل الأخصائي الاجتماعي للجماعة.

- أن يعطي الأخصائي الاجتماعي الفرصة لأعضاء الجماعة للتعبير الحر عن آرائهم ومقترحاتهم في الموضوع.

- أن يعلمهم كيفية حل مشاكلهم بأنفسهم ويكون دوره مساعدا لهم فقط.

الاتصال مع المجتمعات:

لكي يتمكن الأخصائي الاجتماعي الاتصال بالمجتمع وإحداث التغيير المقصود، من الضروري أن تكون لديه المهارة في التعرف على حاجات المجتمع ومشكلاته واتجاهات أفراده وشبكة العلاقات الاجتماعية التي تربط بين أفراده، بالإضافة إلى ذلك يجب أن تكون لديه المهارة في الاتصال بالقيادات الشعبية النابعة من الأهالي أو القيادات بحكم مراكزها، مستخدما الاتصال اللفظي وغير اللفظي لأن بنجاح العملية الاتصالية ينجح الأخصائي الاجتماعي المنظم في أداء أدواره.

وتتطلب عملية الاتصال بالمجتمع المحلي من المنظم الاجتماعي، عقد عدة لقاءات ومؤتمرات وندوات مناقشات جماعية وتوزيع استمارات على المواطنين، ولكنه يواجه صعوبة في الاتصال بجميع سكان المجتمع، فلذلك يركز جهوده واهتمامه بالاتصال المباشر بالقادة، إذ أن الأخصائي الاجتماعي يستطيع أن يؤثر بسهولة على القادة لقلة عددهم، والقادة بدورهم يقومون بالاتصال بأهالي المجتمع متأثرين بوجهة نظر الأخصائي، ولديهم القدرة على التأثير في جماعاتهم من أهالي المجتمع، لأنهم يستخدمون اللغة التي يفهمها الأهالي، وبهذا تصبح عملية الاتصال أكثر فاعلية ونجاحا.

بالإضافة إلى ما سبق يجب أن تكون لدى الأخصائي الاجتماعي المهارة في المشاركة في المشاريع الموجودة في المجتمع، من أجل تقوية علاقاته بالمواطنين والتواصل معهم بطريقة إيجابية، وأن تكون لديه المهارة في عقد الاجتماعات والندوات، وفي تصميم الإعلانات والكتيبات والنشرات والملصقات.(الغزاوي، ص150)

مهارة الاتصال الكتابي

وهو الاتصال المعمول به في المنظمات الحكومية كافة والمنظمات الخاصة، الصغيرة منها والكبيرة، ويأخذ الاتصال الكتابي شكل المذكرات والاقتراحات والخطابات المتبادلة، والأوامر والتعليمات والتقارير الدورية والشكاوى.

ويتوقف نجاح الاتصال إلى حد كبير على كل من المرسل والمستقبل على كفاءة وسيلة الاتصال، فلا بد للمرسل من أن يكون شخصا ماهرا في التعبير لما يريد أن يوصله إلى المستقبل، كما أن المستقبل هو الآخر يحتاج إلى مهارة وقدرة على الاتصال والفهم لما يريد أن يقوله المرسل.

ويوضح العثيمين (1414هـ ص25) أنه توجد خمسة شروط للرسالة المكتوبة تبدأ جميعا بحرف (c)، وهي أن تكون كاملة (COMPLETE)، ومختصرة (COCISE)، وواضحة (CLEAR)، وصحيحة (CORRECT)، ولطيفة (COURTEOUS).

ويتميز هذا النوع من الاتصال بوجود فرصة لاختيار كلمات الرسالة ومراجعتها بتأن قبل إرسالها، وبذلك يقل غموض الرسالة أو احتمالات سوء فهمها والإداري الناجح يحتاج إلى إتقان مهارة الاتصال الكتابي الناجح، وذلك لأن 30% من عمله يعتمد على أعمال كتابية، مثل كتابة الخطابات الرسمية والتقارير، والمذكرات، والمحاضرات، والجلسات، والتعامل مع البريد الإلكتروني والفاكس، وأيا كان نوع ذلك الاتصال ينبغي أن يتوافر فيه عنصران هما الوضوح لكل من الكاتب والقارئ والقدرة على توصيل المعلومات المراد إرسالها.

وتعتبر التقارير القصيرة من أهم أنواع الاتصال الكتابي، ومن مميزات التقارير الناجحة:

- تنظم التقرير باستخدام رؤوس الموضوعات.

- أن يكون التقرير مختصرا وواضحا ومفهوما.

- استخدام الرسومات إذا أمكن ذلك.

- إعادة كتابة التقرير من 2-3 مرات.

- التقرير النهائي يجب أن تتوافر فيه: (التأثير البصري – تناسب الفقرات – الوضوح – السلاسة).

تستخدم الوسائل الكتابية في الاتصال بهدف الرجوع إليها لارتباطها بالتقارير والقرارات والاقتراحات، والتي تتطلب قدرا من الدقة في بلورتها وكتابتها، وتعتبر التقارير كإحدى الوسائل الكتابية من أفضل وسائل الاتصال، خاصة مع التزايد المستمر في التخصصية وتقسيم العمل.

يتحقق هذا الأسلوب عن طريق الوسائل المكتوبة، مثل الرسائل والمنشورات والتقارير والإحصاءات والمذكرات، ويتميز هذا الأسلوب بوجود مستند مادي مكتوب يمكن الرجوع إليه وقت الحاجة، ولكن يعاب عليه أنه مكلف جدا ولا ينشر المعلومات

إلا في نطاق ضيق، حيث أنها تتطلب وقتا طويلا، فمثلا تقوم المشرفة بإيصال الرسائل أو التوجيهات المكتوبة من قبل التوجيه الفني إلى الأخصائيات الاجتماعيات ، وقد يحدث تغذية مرتدة وتقوم المشرفة بإيصال بعض التقارير أيضا من الأخصائيات الاجتماعيات إلى المسئولين.

وتحت هذا النوع من الاتصال يوجد وسائل متعددة منها التقارير.

ويوجه الأخصائي الاجتماعي عند كتابة التقارير لإتباع ما يلي:

- احرص على كتابة تقرير جيد باستخدام نفس قدرات ومهارات كتابة الرسائل.
- لاحظ أن صياغة التقرير تتأثر بطريقة الكاتب وأسلوبه ومفهومه للتقرير، مما يجعلها مختلفة في نتائجها وفي المقترحات والتوصيات المبنية على ما ورد في نتائجها.
- حدد هدف واحد لكل تقرير.
- اجعل التقرير محتويا على المعلومات والبيانات اللازمة والمطلوب إيصالها إلى الغير.
- صغ التقرير بلغة واضحة سليمة وبعبارات موجزة، دون الدخول في التفاصيل التي لا مجال لذكرها.
- اجعل المعلومات والبيانات الواردة بالتقرير دقيقة وصحيحة، وأن تكون آرائك ومقترحاتك موضوعية.
- اعرض البيانات والمعلومات عرضا متسلسلا بطريقة منظمة متكاملة، تبرز المشكلة أو الموضوع بوضوح، وتظهر عناصره وأبعاده بكل دقة.
- اعرض طرق العلاج والإصلاح بعد عرض نواحي القصور والمآخذ والعيوب.
- صغ التوصيات بطريقة إجرائية وليس في صورة آراء أو مبادئ، وينبغي أن تختتم التقرير بكتابة بعض الاقتراحات أو التوصيات المفيدة في علاج جوانب القصور كما تراها.

ثانيا: مهارة المقابلة

يستخدم الإنسان المقابلة في حياته اليومية، وفي مختلف المجالات ولأهداف متعددة وبطرق عملية وغـير عملية، فأصحاب المؤسسات يشترطون في مجال الاختيار المهني اجتياز المتقدم للوظيفة المقابلة الشخصية بنجاح، والمشرف الاجتماعي في المدرسة يستخدم المقابلة لمعرفة ما يقلق أحد طلابه ويمنعه مـن المـذاكرة، والإنسان يقابل عددا من الأشخاص كل يوم فيتحدث إليهم ليخرج بفكرة عن اهتمامات واتجاهات وميول هؤلاء الأشخاص.

وقد دخلت المقابلة كل مجالات علم النفس النظرية والتطبيقيـة بهـدف الحصـول عـلى المعرفـة ولأهداف تشخيصية وعلاجية أيضا. كما هو الحال في الخدمة الاجتماعية، يتضح من ذلك أن المقابلة علاقة اجتماعية تتم فيها محادثة بهدف الحصول على بيانات ومعلومات هادفة - تتحدد بأهداف المقابلة - في ظل جو تسوده الثقة المتبادلة، والمقابلة بهذا المعنى فـن وعلـم يتطلـب مهـارات خاصـة لممارستها، تلـك المهارات المبنية على العلم والخبرة والاستعداد، وفوق كل ذلك فإن لها شروطا وقواعد وأساليب مبنية ،عـلى قواعد علمية مستمدة من العلوم الإنسانية

وتحتل المقابلة مكانة متميزة في العمل المهني للخدمة الاجتماعية بصفة عامة كما هـو في المهـن والتخصصات الإنسانية الأخرى.

أما المقابلة في خدمة الفرد فهي لقاء مهني هادف بين الأخصائي الاجتماعي و و وحدة العمل، أو بين الأخصائي الاجتماعي أو أحد الأفراد المرتبطين بموضوع الحالة أو المشكلة في الحصول عـلى المعلومـات التي تفي بالغرض الدراسي، كما يستخدمها الأخصائي الاجتماعي خلال التشخيص الـذي عـلى أساسـه تبنـى خطة العلاج.

فالمقابلة فن يقوم على الاستعداد والعلم والمهارة، ومما يجعل منها أسلوبا يحقق الهدف منها.، فالمقابلة في خدمة الفرد تختلف عنها في الفنون والمهن الأخرى، فهي وسيلة لفهم شخصية صاحب الحالة والعوامل والأسباب التي أدت إلى حدوثها تمهيدا لمساعدته على التخلص من مشكلته وتحسين أدائه الوظيفي الاجتماعي.

1- مفهوم المقابلة:

نحاول بداية استعراض ما تم تعريفه من قبل الباحثين لمفهوم المقابلة:

1- يعرف **ماكويي وماكويي** المقابلة بأنه تفاعل لفظي بين فردين في موقف مواجهة، يحاول أحدهما استثارة بعض المعلومات والتعبيرات لدى الآخر.

2- يذهب **انجلش وانجلش** إلى أن المقابلة، محادثة موجهة يقوم بها فرد مع آخر لاستثارة أنواع معينة من المعلومات لاستخدامها في بحث علمي، أو للاستعانة بها في التوجيه والتشخيص والعلاج.

3- تعني المقابلة لدى "**نجيب اسكندر وزملائه**"، التبادل اللفظي وجها لوجه بين القائم بالمقابلة وبين شخص آخر أو أشخاص آخرين.

4- يحرص "**جود وهات**" على إبراز حقيقة المقابلة باعتبارها عملية من عمليات التفاعل الاجتماعي.

5- يبرز "**مصطفى سويف**" في تعريفه للمقابلة عنصرين أساسيين: العناصر اللفظية التي قد تكون أسئلة أو جملا تقريرية أو ألفاظا مفردة، ويتمثل العنصر الثاني في موقف المواجهة، حسب خطة معينة، للحصول على معلومات عن سلوك هذا الطرف الأخير أو سمات شخصيته أو للتأثر في هذا السلوك.

وتعرف المقابلة بأنها تفاعل لفظي يتم بين شخصين في موقف مواجهة حيث يحاول أحدهما وهو القائم بالمقابلة، أن يستثير بعض المعلومات أو التغيرات لدى المبحوث، والتي تدور حول آرائه ومعتقداته، فالمقابلة هي أفضل وسيلة لاختيار وتقويم الصفات

الشخصية وذات فائدة كبرى في تشخيص ومعالجة المشكلات الإنسانية وخاصة العاطفية منها وذات فائدة كبرى في الاستشارات، وتزود الباحث بمعلومات إضافية تؤكد المعلومات التي حصل عليها بواسطة وسائل أخرى من وسائل جمع المعلومات.

بعد هذا الاستعراض يمكن بلورة مفهوم المقابلة في العناصر التالية:

1- التفاعل الاجتماعي بين أطراف المقابلة، الذي يعني تبادلا وأخذا وعطاء.

2- تبادل يرتبط بالمحادثة اللفظية وما يصاحبها من تغييرات، وإيماءات وسلوك.

3- تعمق في غور الأشياء والأشخاص بقصد الدراسة.

4- موقف مواجهة – كمقدمة ضرورية للتفاعل – بين الأخصائي الاجتماعي ووحدة العمل، شخصا كان أو أكثر من شخص.

2- أهداف المقابلة:

تتعدد أهداف المقابلة تبعا لمجال استخدمها، فقد تستخدم للحصول على معلومات تتعلق باتجاهات وآراء وقيم أو أسباب مشكلة ما، أو للتأكد من صدق معلومات سابقة أو لاستكمال بيانات محددة، وتلك هي الأهداف الدراسية حيث يتم التركيز على جمع البيانات والحقائق المتصلة بموضوع معين، كما أن لها أهداف تشخيصية تتركز على اختبار بعض الفروض التشخيصية التي تكونت بفعل معلومات تم جمعها في مرحلة سابقة، فيكون الهدف هو الوصول إلى كيفية تفاعل العوامل التي أدت بالمشكلة، ولها أهداف علاجية تتركز في تحرير الفرد من صراعاته ومشاعره السلبية وانفعالاته الكمبوتة.

هذا وتتفرد المقابلة بمزايا من أهمها:

1- تمكن الأخصائي الاجتماعي من التعرف على شخصية صاحب الحالة وفقا للنظرة الكلية، مما تعجز عنه طرق القياس الأخرى خاصة الاختبارات التي تجزئ السلوك، فتقيس كل جانب بمعزل عن الآخر.

2- تشمل مجموعة من المواقف السلوكية التي تستكشف عـددا مـن الحقـائق، إذ يمكـن الأخصـائي الاجتماعي أن يلاحظ الجوانب الانفعالية والحركية، وحدة التعبيرات، وتفكير الفرد وفقا لتسلسل أقواله أو انتقاله من فكرة إلى أخرى أو تناقض أقواله وغيرها، فهذه الجوانـب لا دلالات سـلوكية معينة إذ تكمن وراءها اتجاهات ودوافع تمكن من إضافة بعض المعارف، التي لا يسهل الحصول عليها بالتقرير الذاتي الصريح.

3- تتيح المقابلة الحصول على معلومات معينة، تعجـز بعـض الطـرق الأخـرى عنهـا، مثـل اكتشـاف قدرة العميل على التعامل مع الآخرين، وقدرته التعبيرية ومظهره العام، مما له أهميته في بعـض الأعمال المهنية.

4- إن العلاقة المهنية الطيبة القائمة بين صاحب الحالة والأخصائي الاجتماعي تساعد الأخصائي عـلى الحصول على معلومات خاصة قد لا تتوفر بأساليب أخرى، ففي المقابلة يتم بناء الثقة المتبادلـة، فيشعر العميل بالطمأنينة والأمن عند تشجيع الأخصائي وقبولـه، فيدفعـه إلى التحـدث بصراحة عن مشاكله وصراعاته، كما أن المقابلة تتيح للأخصائي فرصة التعمـق في دراسـة المشكلة بأسـئلة إضافية أخرى.

يمكن إيجاز دور الأخصائي الاجتماعي في تحقيق أهداف المقابلة المهنية فيما يلي:

1- إشعار صاحب الحالة باهتمام الأخصائي الاجتماعي بحالته

2- إعطاء صاحب الحالة الفرصة للاستماع إلى مشكلته وجوانبها المختلفة.

3- دراسة سمات شخصية صاحب الحالة وانفعالاته، والتعرف على الدور الـذي لعبتـه شخصـيته في المشكلة.

4- معرفة حاجات صاحب الحالة وتحديد الخدمات اللازمة لحل لمشكلته وعلاجها.

5- الحصول على المعلومات التي تعين على فهم الموقف ومناقشة الطرق الممكنة لأسباب استحقاقه لخدمات المؤسسة.

6- الحصول على حقائق دراسية معينة من مصادرها الأساسية، والسؤال من ذوي الخبرة والتخصص، للتزود ببعض الآراء التي تتعلق بموقف العميل.

7- تكوين علاقة مهنية أساسها الثقة والتفاهم، وتقوم بدورها أساسا لما يتبع من الصلة ما بين الأخصائي وصاحب الحالة، وتتكون العلاقة المهنية عن طريق المقابلة ،لأنها لا تنمو إلا بتطبيق مفاهيم خدمة الفرد، وهذه المفاهيم بدورها لا يمكن تطبيقها إلا في إطار المقابلة.

8- إعطاء صاحب الحالة الفرصة للتعبير عن مشاعره السلبية، وإزالة مخاوفه فهي تمثل جانبا علاجيا في خدمة الفرد.

9- إتمام العمليات التأثيرية المختلفة التي يقوم بها الأخصائي الاجتماعي تجاه صاحب الحالة.

10- مراعاة أن يكون زمنها مناسبا لأهدافها ويراعي ظروف ووحدة العمل الخاصة، وعليه أن يلتزم بالسرية أثناء المقابلة ويوفر له قدر من الخصوصية، كما أنه لا بد من استخدام المهارات المتعددة، كمهارة الملاحظة العلمية والاستماع و الإنصات والأسئلة والتعليقات.

3- إنجاز المقابلة:

تتم المقابلة في الخدمة الاجتماعية على مراحل على الشكل التالي:

أولا: مرحلة الإعداد للمقابلة:

إن هذه المرحلة مرحلة استعداد الأخصائي الاجتماعي للمقابلة ويتضمن ذلك:

أ- معرفة بعض المعلومات عن الحالة.

ب- بيانات عن المشكلة ومعرفة الجهود التي بذلت في علاجها.

ت- تحديد أهداف المقابلة الرئيسية حيث يترتب على ذلك تحديد المعلومات المرغوب في الوصول إليها.

ث- تحديد نوع المقابلة الملائمة لنوع المعلومات المطلوبة، فأحيانا تكون المقابلة الحرة أفضل المقابلات التي تهدف إلى الكشف عن الدوافع الخفية للفرد في حين تكون المقابلة المقيدة أفضل أحيانا أخرى، وعموما لا مانع أن نلجأ إلى المقابلة الحرة في البداية، وعلى ضوئها نلجأ إلى المقيدة.

ج- تحدي الأسئلة الرئيسية التي تدور حولها المقابلة، وصياغتها بطريقة تضمن تتابعها بشكل منطقي.

ح- تحديد زمن المقابلة ومكانها، ليكون مريحا للأخصائي الاجتماعي وصاحب الحالة، بعيدا عن الضوضاء واحتمالات تدخل الآخرين، يتم الاتفاق على الموعد والمكان بينهما.

خ- تحديد أدوات التسجيل التي سيتم استخدامها في المقابلة.

ثانيا: مرحلة بدء المقابلة:

يأتي صاحب الحالة إلى المقابلة وهو مشحون بالعديد من المشاعر السلبية كالخوف والقلق والتوتر والإحساس بالنقص، خاصة إذا كانت الحالة اضطرابا نفسيا أو انحرافا سلوكيا أو ضعفاً عقلياً... الخ. فيبدي صاحبها ألوانا من المقاومة كالصمت والتهرب من الحديث وغير ذلك من أسباب المقاومة، لذلك تهدف هذه المرحلة إلى إزالة التوتر والجمود والمقاومة، وتوفير الجو الهادئ والثقة المتبادلة، ويتم ذلك وفق الإجراءات التالية:

1- البدء بالترحيب بصاحب الحالة وتحيته والاهتمام به، ثم التحدث عن موضوعات عامة شيقة، يترك المجال مفتوحا لأن يتحدث بصراحة وطمأنينة، دونما اعتراض على رأيه أو التقليل منه.

2- محاولة بناء علاقة مهنية سليمة تقوم على الألفة والمحبة والاحترام من خلال تهيئة الجو النفسي ـ المناسب، الذي يشعر صاحب الحالة بالقول والتفهم والتشجيع، ولا شـك أن نجـاح الأخصائي الاجتماعي في إقامة علاقة ودية معه واستمرار تعزيز وتدعيم هذه العلاقة في المقـابلات التاليـة من أهم عوامل نجاح المقابلة.

3- من مهام الأخصائي الاجتماعي في هذه المرحلة التعرف علـى بعـض السمات البـارزة في شخصية صاحب الحالة وعلى بعض اتجاهاته ومدى استعداده للتعاون.

ثالثا: مرحلة تحقيق أهداف المقابلة:

وفي هذه المرحلة يتم جمع المعلومات المطلوبة، وتتضمن الإجراءات التالية:

1- الاقتراب من الموضوع عند الشعور بتحقيق الوئام والثقة.

2- الانتقال من موضوعات المقدمة إلى الموضوعات الرئيسية بصورة تدريجية.

3- التحدث عن المشكلة الرئيسية موضوع المقابلة بوجه عـام، الاستماع إلى رأي صـاحب الحالة في المشكلة وفي الجهود التي بذلت لحلها.

4- توجيه الأسئلة المعدة سابقا في الوقت المناسب للحصول على إجابات صريحة، مـع ملاحظة أن تبدأ بالأسئلة العامة ثم المتخصصة ثم الأكثر تخصصا حسب تتابعها المعد سابقا.

5- تأخذ الأسئلة والإجابة عليها شكل المناقشة بعيدة عن أسلوب التحقيق مـع صاحب الحالة، ولا مانع من توجيه أسئلة إيضاحية لنقاط غامضة مع الحرص على فصل الحقائق عن الاستنتاجات.

6- تجنب الأسئلة الإيحائية التي توحي بالإجابة، والأسئلة الساخرة التي تسخر من صـاحب الحالة، وأسئلة الإدانة وغيرها من الأسئلة التي تؤثر على سير المقابلة.

7- إصغاء الأخصائي الاجتماعي في معظم الأحيان على أن يقترن ذلك الاهتمام بما يقوله صاحب الحالة، فالإصغاء الواعي يخفف من توترات صاحب الحالة ويشعره بالقبول والأمن، وبالتالي يساعده على إفضاء بمتاعبه.

8- تقبل ما يقوله صاحب الحالة وعدم إصدار أحكامٍ تقييميه لما يقوله..

9- ضبط المقابلة وتوجيهها نحو الموضوع المطلوب.

10- ملاحظة سلوك صاحب الحالة وحركاته وانفعالاته وتفكيره، كالانتقال من موضوع إلى آخر، فذلك له دلالات نفسية، فهو إما أنه لا يحب الاسترسال في موضوع يؤلمه أو يتوقف عند سر لا يود أن يكشفه، وملاحظة تناقض أقواله فقد يحمل معنى ذلك دلالة الشعور بالذنب.

11- تسجيل المقابلة: يرى المشتغلون بالمقابلة ضرورة عدم التسجيل أثناء المقابلة لأن الاهتمام بالتسجيل قد يفوت على القائم بالمقابلة أشياء كثيرة وتحول دون الانطلاق التلقائي، خاصة إذا كانت المقابلة تتعلق بأمور حساسة بالنسبة للفرد أو المجتمع، ولا بد والحالة هذه أن يتم التسجيل بعد الانتهاء من المقابلة.

رابعا: مرحلة إنهاء المقابلة: يتم الانتهاء بنفس روح البداية فلا ننهي المقابلة بصورة فجائية، وإلا شعر صاحب الحالة بالغرض بعد انتهاء مهمته، أو أن مكانته قد انتهت مع انتهاء المقابلة.

ويكون انتهاء المقابلة مقرونا باستعراض ما تم في المقابلة على لسان صاحب الحالة ،ثم استعراض الخطوات التي يجب أن يتبعها صاحب الحالة أي تحديد دوره ثم الاتفاق إن أمكن على تحديد مواعيد مقابلات تالية.

4- إجراءات المقابلة:

عند التمعن في المقابلة من الناحية العملية نراها تتكون من الإجراءات التالية:

1- الإعداد: ويتضمن إعداد الخطوط العريضة والمحاور الرئيسية التي تدور حولها المقابلة وموضوعات المناقشة، وتحديد أسلوب بدء المقابلة وتحديد الأسئلة الرئيسية، والإطلاع على ما تيسر من معلومات من الوسائل الأخرى حتى تتحدد النواحي المطلوب فيها المزيد من المعلومات.

2- الزمان: يجب أن يكون الزمن كافيا لإجراء المقابلة، ويختلف الزمن حسب حالة العميل ومشكلته والمعلومات المطلوبة، ويتراوح الزمن بين نصف ساعة وساعة بمتوسط 45 دقيقة. المقابلة التي تتم بسرعة وعلى عجل لا تؤتي ثمارها المنشودة. ويجب تحديد الوقت الذي تستغرقه المقابلة حتى يحرص صاحب الحالة على عرض الموضوعات التي يهمه عرضها قبل انتهاء الوقت. ويجب أن يكون موعد المقابلة مريحا بالنسبة لكل من الأخصائي الاجتماعي وصاحب الحالة، وإذا حدث وطلب صاحب الحالة تحديد موعد المقابلة فيحسن أن يكون الموعد في أقرب وقت، بل يفضل أن يكون في نفس الوقت الذي يطلبه صاحب الحالة، لأن هذه تعتبر اللحظة السيكولوجية المناسبة لإجراء المقابلة.

3- المكان: يجب أن يكون مكان المقابلة غرفة خاصة هادئة خالية من الضوضاء والمقاطعات والتدخل، وكلما كانت في مكان يألفه صاحب الحالة، كان ذلك أفضل مما يساعد على الراحة والطمأنينة، وحتى أثاث غرفة المقابلة يجب أن يكون مريحا ومناسبا، ويحسن ألا تكون المقابلة من وراء مكتب حتى لا يشعر المقابل بسلطة انفصاله عنه.

4- البدء: تبدأ المقابلة عادة بحديث ترحيب وحديث عام حتى لا تكون البداية حادة قبل الدخول في الموضوع، على ألا يزيد عن الحد الذي يشعر صاحب الحالة بالضيق، لأنه شخصيا يريد أن يدخل بالموضوع، ويلزم حديث التقديم هذا في المقابلة الأولى فقط أما باقي المقابلات التالية فالبدء يكون بالدخول في الموضوع مباشرة، والأسلوب الشائع والمقبول هو التحية والترحيب وبعض الملاحظات

الودية وإبداء الاستعداد للمساعدة وتشجيع المقابل على الكلام وطمأنته على السرية.

5- تكوين الألفة: إن تكوين الألفة والتجاوب نقطة هامة في إجراء المقابلة وتتضمن الألفة الاحترام والفهم والاهتمام والإخلاص المتبادل والثقة المتبادلة، وهذه أمور هامة تمهد لنجاح المقابلة ويجب أن تستمر الألفة طوال المقابلة ويتوقف نجاح الألفة في الغالب على نجاح بداية المقابلة ونجاح بداية العلاقة بين الطرفين واستمرار نجاحها في المقابلات المقبلة.

6- الملاحظة: أي ملاحظة سلوك صاحب الحالة وكلامه وحركاته وتعبيرات وملامح وجهه.

7- الإصغاء: يجب أن يكون إصغاء الأخصائي الاجتماعي أكثر من كلامه، وأن يكون الإصغاء بعقل واع واهتمام وتعبير عن المشاركة الانفعالية والتعبير المناسب، مما يساعد على التنفيس الانفعالي من جانب صاحب الحالة.

8- التقبل: ويعني تقبل صاحب الحالة وما يقوله بكل حرية وتسامح وليس تقبل سلوكه ويجب أن يدرك هو ذلك. فالأخصائي الاجتماعي يتقبله كإنسان ليس معصوما من الخطأ ولكنه لا يتقبل سلوكه الخاطئ. ومما يساعد على إظهار التقبل إعادة كلام صاحب الحالة واستخدام ألفاظ تعبر عن التقبل والتفهم.

9- التوضيح: ويتضمن ذلك ربط الأفكار وتوضيحها وهذا يساعد على التركيز حول الموضوع الرئيسي للمقابلة واستمرارها وإشعار صاحب الحالة بالاهتمام والانتباه.

10- الأسئلة: ويعتبر إعداد وتوجيه الأسئلة أثناء المقابلة مهارة هامة، إذ يجب اختيار الأسئلة المناسبة بصيغة مناسبة وفي الوقت المناسب وتوجهها بطريقة تشعر المُقَابَلْ بأهمية الإجابة عنها بصدق. والأسئلة الجيدة هي تلك التي تهدف لتحقيق هدفها. والاعتدال والتوسط مطلوب في عدد الأسئلة فلا تكون قليلة فتظل جوانب كثيرة

غير مطروقة، ولا تكون كثيرة فتشتت المقابل. ويجب الحرص بخصوص الأسئلة المباشرة التي قد توحي بأن المقابلة أقرب إلى تحقيق مما يؤدي إلى المقاومة.

11- الكلام: يقصد كلام وحديث وتعليقات الأخصائي الاجتماعي بأسلوب يفهمه صاحب الحالة، وينصح بترك المجال له ليتكلم أكثر مما يتكلم هو وتشجيعه على الكلام بكافة الوسائل. ويحسن أن يقتصر ـ كلام الأخصائي الاجتماعي على ما يجعله يسترسل في الكلام مثل إظهار التقبل والتأييد والتوضيح والأسئلة العامة.

12- التسجيل: يلاحظ أن بعض أصحاب الحالات بمجرد أن يرى الأخصائي الاجتماعي يكتب ملاحظات يمتنع تماما عن الإدلاء بأي معلومات. وإذا رأى أي جهاز يشك في أنه جهاز تسجيل وتتعقد الأمور ولتفادي هذه المشكلات تقترح وارترز ضرورة تعريف هؤلاء بأهمية التسجيل واستئذانهم في ذلك. وأن تقتصر الكتابة أثناء المقابلة على الضروري وإرجاء ما يمكن إرجاؤه إلى نهاية المقابلة وحفظها في ملف الحالة.

13- إنهاء المقابلة: يجب أن تنتهي المقابلة عند تحقيق هدفها، أن يكون إنهاء المقابلة متدرجا، وليس مفاجئا بانتهاء الزمن أو انتهاء وقت العمل، مما قد يشعر المقابل بالإحباط والرفض. ومن أساليب إنهاء المقابلة الشائعة استعراض وتلخيص ما دار فيها والإشارة إلى موعد المقابلة القادمة.

انصب الحديث في هذا الجزء من الفصل على مقابلة أصحاب الحالات الفردية، وترك الحديث عن المقابلة مع الجماعات والمجتمعات إلى جزء آخر، باعتبارها تمثل لقاءات جماعية بين الأخصائيين الاجتماعيين وأعضاء الجماعات وأهالي المجتمعات لمناقشة وتيسير أعمالها ونموها وتقدمها.

5- مكونات المقابلة:

تتكون المقابلة من عدة عناصر، نحاول تحليلها على النحو التالي:

الأهداف المحددة والواضحة:

كما أسلفنا فإن المقابلة في الخدمة الاجتماعية لها أهداف محددة يدركها الأخصائي الاجتماعي ووحدة العمل (فرد – جماعة – مجتمع)، ولا تعقد المقابلة إلا إذا أدرك الأخصائي أهمية تلك الأهداف وكيفية تحقيقها، لأنها سوف تصبح المؤشر الواضح لمهارته في إدارة المقابلة والوصول إلى أهدافها.

المواجهة المباشرة (التفاعل):

لا تتم المقابلة دون مواجهة بين الأطراف المعنية بها (وجها لوجه). والمواجهة وحدها لا تكفي لتكون عنصراً من عناصر المقابلة، ولكن يجب أن تتميز بالتفاعل، التجاوب المشترك، الثقة المتبادلة، الاحترام، والمشاعر الودية المتميزة بالصدق والأمانة.

ويرتبط موضوع التفاعل خلال المقابلة من حيث قوته واتجاهاته المختلفة طبقا لموضوع المقابلة، حيث أن المقابلة الدراسية تختلف عن المقابلة العلاجية، كما أن مقابلات القادة تختلف عن مقابلات أصحاب المصلحة من المواطنين، ومقابلة أعضاء الجماعة تختلف في تفاعلها عن مقابلة صاحب حالة فردية تتعلق بمرضه أو قضاء فترة عقوبته.

طرفا المقابلة: من الضروري تحديد طرفي المقابلة حيث أن الأخصائي الاجتماعي يمثل أحد هذين الطرفين في كل الطرق بصفته الممارس المهني الذي يمثل المؤسسة وينوب عنها في كافة العمليات والخطوات سواء مع العملاء أو الجماعات أو المجتمعات.

أما الطرف الآخر في المقابلة فقد يتخذ شكلاً آخر لطريقة الممارسة، ففي طريقة خدمة الفرد قد يكون صاحب المشكلة أو الحالة، وقد يكون أفراد أسرته أو بعضهم المرتبطين بعملية المساعدة، وفي طريقة خدمة الجماعة قد تكون الجماعة أو بعض الأعضاء طبقاً للموقف الذي سوف تجتمع فيه الجماعة، وفي طريقة تنظيم المجتمع قد تتم المقابلة مع القادة الحكوميين الشعبيين أو بعض المواطنين المهتمين بمجالات الأنشطة التي تقوم المؤسسة بها.

ومما يقتضي أن يقوم به الأخصائي في إطار مهارته للقيام بالمقابلة تحديد أطراف المقابلة، واختيارهم بدقة وإخطارهم بالأمور التي تتعلق بالمقابلة كوسيلة أساسية لتحقيق هدف واضح ومحدد يرتبط بطرفي المقابلة ارتباطاً واضحاً في إطار وظيفة المؤسسة التي يعمل فيها الأخصائي الاجتماعي.

تحديد زمان ومكان المقابلة:

تتضح مهارة الأخصائي في إعداد وتنفيذ المقابلة في الوصول إلى إجراءات أو خطوات معينة بين الطرفين خلال المقابلة، وفي تحديد واختيار الزمان والمكان المناسبين للمقابلة. ومما يبعث على الارتياح النفسي، ويؤدي إلى المشاركة في موضوع المقابلة دون توتر أو قلق، وقد تخصص بعض المؤسسات حجرات خاصة بالمقابلات يتفرغ فيها الأخصائي الاجتماعي لعقد المقابلات.

العلاقة المهنية ركيزة المقابلة:

يبدأ الأخصائي الاجتماعي في تكوين العلاقة المهنية منذ بداية التعامل مع أصحاب الحالات والمستهدفين من عقد المقابلات مثل أفراد الأسرة، أعضاء الجماعة، القادة، ومندوبي الجهات المختلفة، ومن الضروري تكوين تلك العلاقة التي تمثل الرابطة بين الأخصائي الاجتماعي وطرف المقابلة الآخر وعن طريقها يمكن أن تؤثر في المقابل والمرتبطين به، ويمكن أن نحقق أهداف كل إجراء من الإجراءات التي يتبعها الأخصائي الاجتماعي على أن يراعي الأخصائي الاجتماعي القيم الأساسية في الخدمة الاجتماعية التي يمكن تطبيقها عند ممارسة الطرق المهنية.

اتخاذ القرارات والاتفاق على خطة عمل:

فالقرار هو عملية اختيار بين عدة طرق أو بدائل تؤدي إلى تحقيق شيء ما أو بلوغ هدف معين وهذا هو الهدف من عقد المقابلات.

المساعدة والتقدم خلال المقابلة:

يحاول الأخصائي الاجتماعي أن يكتشف حقيقة المشكلة والتعرف على جوانب شخصية وحدة العمل كفرد أو جماعة أو مجتمع سواء من حيث اتجاهاته الأساسية، إدراكه لحقيقة المشكلة، وقدراته الكامنة التي لم تستخدم وإتاحة الفرصة لمعرفة الفرد لذاته حيث يحاول الأخصائي إزالة الصعوبات التي تواجهه في بيته وتعديل سلوكه نحو الآخرين حتى يصبح سويا متوافقا مع الظروف المحيطة به.

ولذلك يفضل تسمية بعض مراحل المقابلة بمرحلة المساعدة والتقدم التي تستغرق أكبر فترة زمنية، وتتطلب مجهودات كبيرة وعناية كبيرة من الأخصائي الاجتماعي فإن ذلك يتطلب ضرورة توفر مهارات فائقة من الأخصائي، وعلى الرغم من أن هناك الإطار الواضح للخدمة الاجتماعية وممارستها من حيث المبادئ والمهارات والأسس المهنية والأدوات التي يمكن أن تستخدم في الممارسة، إلا أن اختيار الأخصائي لما يتناسب مع من يتعامل معه في المقابلة، يدل على مهارته وإدراكه لما يجب أن يمارسه في هذا العمل.

اختلاف طبيعة المقابلة:

تختلف طبيعة المقابلة تبعا للطريقة ومستوى وحدة العمل على النحو التالي:

أولا: المقابلة في العمل مع الفرد:

المقابلة هي اجتماع الأخصائي الاجتماعي بصاحب الحالة أو غيره وجها لوجه وهي وسيلة يتمكن بها من الحصول على المعلومات التي تهمه في التشخيص، كما أنها أيضا إحدى وسائل التشخيص والعلاج.

وتختلف المقابلة في العمل مع الأفراد عن المهن والفنون الأخرى فهي لا تسعى لغرض شخصي أو لكسب مادي، ولكن هي وسيلة لفهم الموقف على حقيقته تمهيدا

لتوجيهه الدوافع الإنسانية ومساعدة الناس على التخلص من العوامل النفسية السلبية. كما أنها من أحسن الفرص المتاحة للأخصائي الاجتماعي لملاحظة صاحب الحالة.[1]

للمقابلة في العمل مع الأفراد أغراض يمكن أن تحددها في:

- إعطاء الفرد فرصة للاستماع إلى مشكلته والوصول إلى معرفة نوح حاجاته واكتشاف مستوياته العقلية وعلاقتها بمشكلته.
- تكوين علاقة مهنية مع الفرد يكون أساسها الثقة والتفاهم وتكون بدورها أساسا لما يتبع من الصلة بين الأخصائي وصاحب الحالة.
- الحصول على مصادر المعلومات التي تعين الأخصائي على فهم الموقف ومناقشة الطرق الممكنة لإثبات استحقاق الفرد لخدمة المؤسسة.
- اتاحة الفرص للفرد خلال المقابلة للتعبير عن مشاعره السلبية، والإيجابية وإزالة المخاوف فيما يتعلق بالموقف الذي يعاني منه وتخفيف شعوره بالضعف بسبب التجائه لطلب المساعدة.
- البدء في توجيه دوافع الفرد لكي يعتمد على نفسه وذلك بتشجيعه على المساهمة في بذل ما يمكن بذله من نشاط لعلاج موقفه.[2]

ثانيا: المقابلة في العمل مع الجماعة:

تمثل المقابلة في العمل مع الجماعة مكانة متميزة وهي وسيلة هامة لانضمام الأعضاء الجدد للجماعة، وعقد اللقاء أو المقابلة معهم للتعرف على المعلومات المرتبطة بانضمامهم لتحقيق مبدأ تكوين الجماعة على أساس مرسوم، ويقوم الأخصائي بمساعدته على اختيار الجماعة التي يريد الانضمام إليها.

---

(1) أحمد مصطفى خاطر/1988، الخدمة الاجتماعية نظرة تاريخية - مناهج الممارسة - المجالات .

(2) جلال عبد الحالق، العمل مع الحالات الفردية. /1985/الإسكندرية

يستخدم أخصائي الجماعة المقابلة بين الأفراد الـذين يتولـون بعـض المسئوليات القيادية داخـل الجماعة وذلك بهدف معاونتهم على أداء مسئولياتهم.

- يستخدم الأخصائي الاجتماعي المقابلة لمساعدة الأفراد الذين يلقـون صعـوبة في مبـاشرة دورهـم داخل الجماعة، ويعاونون من سوء التكيف.

- يستخدمها الأخصائي الاجتماعي لمساعدة الأعضاء على الانسحاب مـن الجماعـات التـي لا تتفـق وحاجاتهم.

- يستخدمها مع ممثلي الجماعات المنتخبين داخل المؤسسة.

- يستخدمها للعمل مع الأفراد الذين يحتاجون لمساعدة خارجية من البيئة.

- يستخدمها لدراسة وملاحظة سلوكيات بعض أفراد الجماعة أو لتطبيق مقاييس.

ومهارة المقابلة من المهارات الأساسية المساعدة لأخصائي خدمـة الجماعـة عـلى تحقيـق وظائفـه وأهدافه التي تتعلق ليس فقط للعمل مع الجماعة كجماعة، وإنما العمل مع بعض الأفراد في إطار خدمـة الجماعة. [1]

ثالثا: المقابلة في العمل مع المجتمع:

تعتبر المقابلات من الوسائل الأساسية في تنظيم المجتمع وتنميتـه، ويمكـن تقسـيم المقابلات إلى عدة أنواع:

- المقابلة بين قيادات المجتمع وجماعاته وتكون وسيلة فعالـة لإقنـاع المـواطنين للمشـاركة وتـدعيم مشروعات تنظيم المجتمع وكسب تأييدهم واستشارتهم للإحساس بمشكلات هذا المجتمع والمطالبة بإحداث التغير المناسب.

---

(1) د. جلال الدين الغزاوي ، الممارسة المهنية للعمل الاجتماعي ،/ 1999).

- مقابلات الأخصائي الاجتماعي مع قيادات وجماعات المجتمع، وفي هذا المجال تعتبر المقابلات هي المجال الذي يسمح بتوفير المناخ المناسب لنمو القيادات ونضجها وتحقيق عمليات تنظيم المجتمع.

- مقابلات القيادات المجتمعية مع القيادات التنفيذية في المجتمع، ويمتاز هذا النوع من المقابلات أنه لقاء الوجه بالوجه بين القيادات المجتمعية التي تعايش المشكلات وربما لديها أنجع الحلول لمقابلة هذه المشكلات مع المسئولين التنفيذيين الذين يمكن أن تكون بيدهم سلطة أخذ القرارات في هذا الشأن. تشكل هذه المقابلات فرصة شرح أبعاد المشكلات ونقل وجهة نظر المجتمع ومدى معاناته إلى المسئولين كما تسمح هذه المقابلات بالتوصل إلى تقريب وجهات النظر والحلول البديلة التي تتمشى مع مقابلة احتياجات المجتمع وفقا لإمكانيات المنظمات المسئولة في المجتمع.

  ولكن هذا لا يمنع من وجود بعض السلبيات لهذه المقابلة من بينها أنها قد لا تتفق وسياسة الباب المفتوح، أو أنها قد تمثل ضغطا على المسئولين أو مضيعة للوقت إذا تركت بدون تنظيم، أو قد تسمح بتحقيق بعض الأهداف الشخصية على حساب الأهداف العامة.

- المقابلات التي تتم بين قيادات المجتمع والخبراء بغرض رفع مستوى إدراكهم لأبعاد المشكلات وأسبابها الحقيقية وأنسب الحلول من واقع الخبرة العملية لمقابلة تلك المشكلات، وتساهم هذه المقابلات في كسب تأييد قيادات المجتمع للمشروعات عن اقتناع وبعد المناقشات.

المهارات والأساليب الفنية للمقابلة:

تحتاج المقابلة إلى بعض المهارات التي يمكن إجمالها على النحو التالي:

1- الصراحة والوضوح:

هي الوسيلة الفعالة التي تساعد الأخصائي الاجتماعي على اكتساب ثقة المتعاملين، وتدخل في نفسه الأمن والطمأنينة وتمهد لتكوين العلاقة المهنية التي نعتمد عليها في إنجاح المقابلات.

2- محاولة تخليص صاحب الحالة من الحيل الدفاعية:

عندما يلجأ صاحب الحالة لبعض الحيل الدفاعية على شكل المقاومة وخاصة في المقابلات الأولى، فعلى الأخصائي الاجتماعي أن يفهم دوافع ذلك ويقدرها ويساعده على تذليلها ويحرص على تقبله واكتساب ثقته واحترامه حتى يستطيع مواجهته باتجاهاته المختلفة بلباقة وحسن تصرف.

3- البدء مع وحدة العمل من حيث هي:

يجب على الأخصائي الاجتماعي البدء بما يستثير وحدة العمل ويجذب انتباهه ويجعله متحمساً للمشاركة، أي يجب أن يبدأ ببؤرة اهتمام وحدة العمل ثم يحرص على توجيهه بلباقة إلى البداية السليمة التي يراها الأخصائي الاجتماعي مناسبة.

4- عدم مقاطعة المقابَل:

يعتمد الأخصائي الاجتماعي على ما يقوله المقابَل من معلومات وحقائق فلذلك يجب أن يتيح له الفرصة للتعبير عن نفسه وعن وجهة نظره، أما إذا خرج عن موضوع المشكلة فيمكن توجيهه عن طريق الأسئلة التحويلية الترابطية وبذلك يعيده إلى الموضوع الأصلي.

5- توجيه المقابل لموضوعات محددة:

بالرغم من أن الأخصائي الاجتماعي يترك للمقابل الحرية الكافية للتعبير عن مشكلته ومشاعره فإنه لا يقف موقفا سلبيا أثناء المقابلة ولكنه يتدخل عندما يتطلب الأمر ذلك وخاصة مع أصحاب الحالات الذين يتكلمون كثيرا عن أشياء بعيدة عن المشكلة،

وعندئذ يحول الحديث إلى الموضوع الذي يريده بأسئلة مباشرة عن موضوع ينتقيه الأخصائي الاجتماعي أو ينتقي جانباً معيناً أو أكثر من الجوانب الدراسية للتركيز عليها نظراً لأهميته الخاصة سواء لصاحب الحالة أو للمشكلة.

6- إشراك صاحب الحالة في الخطوات التالية: يجب على الأخصائي الاجتماعي في نهاية كل مقابلة إشراك صاحب الحالة في الخطوات التالية سواء في تحديد المصادر الدراسية الواجب الرجوع لها أو تحديد موعد اللقاء التالي، أو تحديد المهام التي سينجزها، أو تحديد المسؤوليات التي سيتحملها صاحب الحالة وما إلى ذلك، لأن عدم إشراكه يدفعه إلى مقاومة المقابلة.

ونعرض فيما يلي لبعض الممارسات التي تدل على مدى تميز الأخصائي الاجتماعي في المقابلات أو عدم تميزه بها:

1- ممارسات مهنية ناجحة كالآتي:

حوار الأخصائي مع الطرف الآخر (صاحب الحالة)

- كيف حالك اليوم؟ .. أرجو أن تكون على ما يرام.

- كيف تسير الأمور معك؟ أرجو أن تكون في طريقها المناسب إن شاء الله.

- بعض الناس يرى الدنيا جميلة، والبعض الآخر يراها غير مقبولة ومظلمة!! فكيف تراها أنت؟

- أعتقد أن لكل إنسان فكره وقدراته وإمكانياته التي قد لا تكتشف حتى الآن ترى كيف يعرف الإنسان نفسه؟

2- ممارسات مهنية غير ناجحة، مثل:

- أن يقول الأخصائي الاجتماعي لمن يقابله: تبدو أنك حزين، أو يبدو عليك مشاعر الضيق، أو أنك كثير الشكوى والتذكر.

- أن يخاطب الأخصائي الاجتماعي الجماعة باستنكاره لبعض تصرفاته كجماعة.

- أن يخاطب الأخصائي الاجتماعي بعض قادة المجتمع بإظهار سلبيتهم وعدم تجاوبهم مع جهوده لدعم العمل التطوعي.

الأساليب المهنية في إدارة وتنفيذ المقابلة

تتعدد الأساليب المهنية التي تستخدم في إدارة وتنفيذ المقابلة ومن تلك الأساليب ما يلي:

1- أسلوب الأسئلة:

يستخدم الأخصائي بعض الأسئلة في إدارة المقابلة وتنفيذ أغراضها طبقا للموضوع، وطبيعة الطرف الآخر للمقابلة بالإضافة إلى إعداد وخبرات الأخصائي نظرياً وعملياً.

ومن أهم أنواع الأسئلة التي يستخدمها الأخصائي ما يلي:

أ- الأسئلة المباشرة،مثل:

- هل تمارس الرياضة في وقت فراغك؟

- هل تذاكر دروسك في مواعيد محددة؟

ب- الأسئلة غير المباشرة،مثل:

- كيف تتعامل مع المدرسين بالمدرسة بالنسبة للمواد التي لا ترغبها؟

- ماذا عن علاقتك بوالدك موضحاً أسباب اتجاهاتك السلبية نحوه؟

ج- الأسئلة الإيجابية،مثل:

- ألا ترى معي أن الابتعاد عن أصدقاء السوء ضرورة لحمايتك من الانحراف أليس كذلك؟

- أرى أن الكثير مـن الشباب يقضون وقت فـراغهم في اكتسـاب مهـارات خاصة بالمشـروعات الصغيرة، وأنت تستطيع أن تفعل ذلك أليس كذلك؟

د- الأسئلة الترابطية، مثل:

- ما الأسباب التي أدت إلى مشـكلات الأسرة الاقتصادية حتـى وصلت حالتها بعـد وفـاة العائـل الأساسي لها إلى حالتها التي تعاني منها الآن؟

- ما علاقة سوء العلاقة بين القادة الشعبيين والمواطنين وعدم إقبالهم على الأنشطة الدورية بمركز الشباب؟

هـ - الأسئلة التحويلية، مثل:

- ما أثر رسوبك في الدراسة على العلاقة مع الوالدين واتجاهاتهم نحوك؟

- لقد تحدثت معي عن بعض أعضاء الجماعة الذين لا يرغبون في التعامـل مـع القائـد، ولكـن مـا رأيك أنت شخصياً في شخصية هذا القائد؟

و- الأسئلة الدراسية، مثل: كيـف تحصـل عـلى الخـدمات الصحية من الأجهزة الصحية المتخصصة في الحي الذي تسكن فيه؟

- لماذا تفضل التعامل مع العضو (أ) في حل مشكلاتك دون التعامل مع باقي الأعضاء؟

2- أسلوب التعليقات:

يستخدم هذا الأسلوب لتوضيح وجهة نظر الأخصائي الاجتماعي نحو موضوع معـين، أو للتأكيـد على جوانب معينة، أو لتوجيه انتباه العملاء والقادة إلى جوانب واضحة أو تأكيـد أهميـة اتجاهـات معينـة في علاج المشكلة.

وفيما يلي بعض التعليقات التي قد تستخدم من خلال تطبيقات المهارة في إعداد وتنفيذ المقابلة في الخدمة الاجتماعية.

- أعتقد أنه من الأفضل أن نعيد النظر في كيفية استذكار دروسك بالطريقة التي تتبعها التي تبدو غير مفيدة لك!!

- حديثك واضح ويعبر عن وجهة نظر خاصة بك، ولكن عليك مراجعة كيفية عرض المشكلة على بقية أعضاء الجماعة.

- إن ما فعلته كقائد شعبي يعبر عن اهتمامك بمصلحة الجماهير ومحاولاتك لتحقيق متطلباتهم وهذا يشجعنا على الاستعانة بك في المشروعات القادمة.

3- الإنصات الواعي:

ذلك الذي يعني تركيز الأخصائي الاجتماعي انتباهه نحو ما يقوله الطرف الآخر في المقابلة والحصول على الحقائق التي يقدمها والتجاوب معها مهنيا للوصول إلى المضمون.

وترجع أهمية الإنصات الواعي للعوامل التالية:

- التأكد من حقيقة الموضوع، أو المشكلة أو الموقف.

- شعور الطرف الآخر في المقابلة بالأهمية والاحترام والتقدير.

- المساعدة على تكوين العلاقة الطيبة بين الطرفين نتيجة الشعور بالاهتمام والتقدير.

- الربط بين مكونات الموضوع أو المشكلة نتيجة المتابعة المتسلسلة لما يدور في المقابلة.

- التعرف على حقيقة مشاعر الطرف الآخر ومدى التعبير الصادق عنها وعلاقتها بالموضوع.

يمكن استخدام بعض المهارات لتحقيق الإنصات الواعي منها:

1- بداية المقابلة بالتقدير والتحية والسؤال العام عن أحوال الطرف الآخر.

2- التركيز على تشجيع الطرف الآخر ليعرض مفهوم المشكلة بصفة عامة.

3- تشجيع الطرف الآخر على متابعة عرض حقائق المشكلة وشرح وجهة نظره من خلال التأكيد على أهمية تلك الجوانب في تحقيق عملية المساعدة.

4- التجاوب خلال مواقف المقابلة الذي يتضمن الجوانب التعبيرية بالمشاعر والجوانب المنطقية المرتبطة بالحقائق والمعلومات.

5- احترام لحظات الصمت وتقديرها لأنها قد تعبر عن عدم إدراك صاحب الحالة للموضوع، الإحساس بالخجل، أو نتيجة الاضطرابات المرتبطة بالمشكلة، والاعتقاد بأن الصمت جانب إيجابي يعبر عن الموافقة والرضا لما تحقق، ومن الضروري على الأخصائي الاجتماعي أن يؤكد بالأساليب المختلفة أنه ينصت لما يقوله الطرف الآخر، وكيف يقول عندما يتحدث، وماذا يقول في موقف معين من المقابلة.

مثال تعليمي:

فيما يلي جزء من مقابلة مع شخص يبلغ من العمر 45 عاما ويعاني من مشكلة عدم تكيف اجتماعي مع زملائه في العمل، متزوج ولديه سبعة من الأبناء ستة منهم من الإناث تتراوح أعمارهم بين 17 وخمسة أعوام، زوجته لا تعمل ولم تحصل من التعليم إلا على الشهادة الابتدائية.

المطلوب: قراءة الحالة قراءة متأنية ثم محاولة استنباط التكنيكات العلاجية التي استخدمها الأخصائي الاجتماعي الذي يستخدم الأسلوب العاطفي السلوكي العقلاني في العلاج.

الأخصائي: أهلا بك في هذه الجلسة وأتمنى أن الأمور تسير معك نحو الأحسن.

هو: لا أعتقد ذلك. فالحياة يبدو أنها على خصام معي.

الأخصائي: هل تعتقد أن المشكلة في الحياة وفيما يحيط بك.

هو: بالتأكيد.

الأخصائي: ولماذا لا تكون المشكلة في أمر آخر.

هو: مثل ماذا.

الأخصائي: في طريقة تفكيرك. وفي نظرتك لنفسك وفي الطريقة والأسلوب الذي تتبعه في التعامل مع الآخرين.

هو: أعتقد أنني سيىء إلى درجة أنني لا أعرف نفسي.

الأخصائي: حسنا. ما الذي تعرفه عن نفسك.

هو: ماذا تقصد.

الأخصائي: أعني كيف تفكر بما يحيط بك.

هو: أنا رجل جدي في الحياة. أنظر للحياة نظرة واقعية. أريد كل شي أن يسير وفقا للقانون ولما هو متعارف عليه.

الأخصائي: جميل أن تكون جدياً في الحياة. ولكن ممكن أن تكون الجدية سببا في ما تعاني منه الآن.

هو: كيف يمكن أن يحدث ذلك.

الأخصائي: أنت تريد أن تكون ناجحا في حياتك ولذلك ترى أن الجدية هي الوسيلة الوحيدة لتحقيق ذلك.

هو: هذا صحيح.

الأخصائي: حسنا. ماذا يحدث لو أنك تستبدل الجدية بوسيلة أخرى قد تحقق لك النجاح.

هو: مثل ماذا.

الأخصائي: يعني مثل إقامة علاقات اجتماعية طيبة مع من يحيط بك.

هو: هذه هي المشكلة. لا أحد يفهمني. الكل يكرهني في العمل. أنا متأكد أنهم يتمنون أن أموت. لا يتعاونون معي.

الأخصائي: وماذا تفعل لمواجهة ذلك.

هو: أشعر بالضيق والتوتر. أتمنى أن لا أراهم.

الأخصائي: وهل عدم رؤيتهم تريحك.

هو: تريحني قليلاً.

الأخصائي: ولكن ذلك لا يحل المشكلة. دعني أقول لك أنك تحمل الأمور أكثر مما تستحق. أنت تتفق معي بأن الناس تختلف. أليس كذلك؟

هو: نعم.

الأخصائي: إذا الطريقة التي يتم التعامل فيها مع كل منهم تختلف أيضا.

هو: بالتأكيد.

الأخصائي: هل تعتقد أن كرههم لك هو نهاية العالم. لماذا لا يكون هذا الكره وسيلة لجعلك أكثر مقدرة على التعامل مع الآخرين. ما رأيك أن تحاول؟

هو: لم أفكر في هذا من قبل.

الأخصائي: ما رأيك في أن تجلس لوحدك في غرفة ما وتفترض وجود شخص أمامك يكرهك وتحاول أن تحدث نفسك حول كيفية إقامة علاقة إيجابية معه.

هو: (لحظة صمت وتفكير عميق)

الأخصائي: حاول أن تفعل ذلك. لن تخسر بالمحاولة. وهناك أمر أريدك أن تلاحظه. عندما تشعر بالضيق في علاقتك مع زملائك حاول أن تسأل نفسك لماذا؟؟ حاول أن تتحادث مع نفسك..

كثيرا من تصرفاتنا وسلوكياتنا وما نعاني منه ترجع إلى الطريقة التي نفكر بها فيما يدور حولنا. أراك فيما بعد. [1]

مهارة توجيه الأسئلة

تحتـاج الأسـئلة التـي يـرى الأخصائـي الاجتماعـي أن يلقيهـا علـى صاحب الحالـة إلى مهارة لأن إلقاء الأسئلة تلقائيا له أضرار كثيرة لذا من واجب الأخصائي مراعاة ما يلي:

1- أن تكون الأسـئلة عـن كـلام صاحب الحالة وليس خارجه لأن مـن المنطـق أن يلجـأ الأخصائـي إلى الاستفسار عن بعض جوانب حديث صاحب الحالة فهو في موقف يريد التفهم ولا يريد الاستجواب والاستفسارات أي يطلب توضيح نقاط وردت على لسان صاحب الحالة فإن الأسئلة إذا كانت تخرج عن حديثه تعني أن الأخصائي

---

(1) أنظر:

1- أحمد مصطفى خاطر: الخدمة الاجتماعية نظرة تاريخية، مناهج الممارسة، المجالات، 1988م.

2- جلال الدين الغزاوي: الممارسة المهنية للعمل الاجتماعي، 1999م.

3- جلال عبد الخالق: العمل مع الحالات الفردية، الإسكندرية، 1985م.

4- حامد عبد السلام زهران: التوجيه والإرشاد النفسي، عالم الكتب القاهرة، الطبعة الثالثة، 1985م.

5- سامية محمد فهمي: مقدمة في ممارسة الخدمة الاجتماعية بأجهزة تنظيم المجتمع، 1986م.

6- عبد الفتاح عثمان وعلي الدين السيد محمد: المنهج المعاصر في خدمة الفرد، كلية الخدمة الاجتماعية، جامعة حلوان القاهرة، 1993م.

7- ماجدة كمال علام والسيد عطية: الرعاية الاجتماعية والخدمة الاجتماعية، 1985م.

8- محمد ثابت علي الدين وممدوح محمد سليمان وجيهان أبو راشد العمران وصالحة عبدالله عيسان وسـيركي الماسيان وحسـين عبدالله بدر وأحمد إبراهيم أحمد: التوجيه والإرشاد في المرحلة الإعدادية، وزارة التربية دولة البحرين، الطبعة الأولى، 1999م.

9- يوسف مصطفى القاضي ولطفي محمد فطيم ومحمود عطا حسين: الإرشاد النفسي والتوجيه التربوي، دار المريخ الرياض، الطبعة الأولى، 1981م.

في ذهنه بعض الأسئلة والمعلومات يريد أن يستوفيها، ويكون بذلك غرضه الأساسي هو جمع المعلومات وليس التفهم.

2- ينبغي أن يكون السؤال مفتوحا لا يتطلب إجابة محددة مثل أسئلة يمكن الإجابة عليها بلا أو نعم أو لا أعرف، هذه الأسئلة لن تساعد صاحب الحالة على إطلاق ما يشعر به من أسى، أما السؤال المفتوح، يترك له الفرصة للتحدث الحر دون الالتزام بإجابة محددة، ثم إن السؤال المفتوح قد يجر إلى التحدث في أمور ما كان الأخصائي يتوقعها منه وربما يحوي هذا الحديث مفاتيح للمشكلة.

3- يحسن أن يتجنب الأخصائي المباشرة إلا في الأمور التي تتعلق ببعض الحقائق المعرفية كالسؤال عن الدخل والإنفاق والأعمار والأسماء والعناوين وما إلى غير ذلك، إذ لا يصح أن يسأل الأخصائي صاحب الحالة أسئلة مباشرة في العلاقات الدقيقة المختلفة وكذلك في المسائل الشخصية البحتة إلا في مراحل خاصة في الدراسة عندما تكون العلاقة بين الطرفين قد أصبحت قوية إلى حد كبير.

فلا يصح أن يسأل صاحب الحالة مثلا عما إذا كان يحب ابنه أم لا أو يكره زوجته إلى غير ذلك. لأن الإجابة على هذه الأسئلة ستكون في معظم الأحوال ستكون غير صحيحة لعامل الشعور بالذنب في حالة إقرار الحقيقة بعدم الحب. ولكن الأخصائي الاجتماعي يجب أن تكون لديه الخبرة والمهارة المهنية بحيث يستشف من مختلف الملاحظات والمعلومات حقيقة العلاقة التي يرغب في معرفتها ، فبالرغم من أن إحدى الزوجات مثلا تقول إن زوجها يحبها إلا أن ملاحظات الأخصائي الاجتماعي عن تصرف الزوج معها لا تدل على هذا الحب، وقد يرجع إلى عدم صراحة الزوجة بالمشاعر الحقيقية لزوجها نحوها، وهو وسيلة للدفاع عن تقليل أهميتها كامرأة لا بد أن يحبها الرجال.

4- ينبغي أن تصاغ الأسئلة بالأساليب العادية سهلة الفهم، فلا تتضمن مصطلحات علمية مثلا، كما يجب أن تكون واضحة لا تحتمل الغموض، وذلك بتجنب التوريات

والكنايات وغيرها من الأساليب غير المباشرة، كما ينبغي أن تكون بسيطة حتى يتمكن صاحب الحالة من تذكر ما يطلب منه الإجابة عليه، فالسؤال المركب يعوق عن التركيز ويشتت أفكاره بين الموضوعات المتعددة التي يفكر فيها في نفس الوقت، وعند توجيه السؤال بعينه يجب أن يكون للأخصائي الاجتماعي هدف واضح محدد من إلقاء السؤال حتى يتلقى الإجابة المطلوبة.

5- إن كثرة الأسئلة من جانب الأخصائي يجعل صاحب الحالة في موقف لا يتحدث إلا إذا كان سؤال الأخصائي الاجتماعي موجها إليه، وبذلك يكون شكل استجواب وهو أمر مكروه في خدمة الفرد لأن مثل هذه الطريقة تبعث القلق والاضطراب في نفس صاحب الحالة، لأنه سوف يكون مضطرا للإجابة عـن شيء معـين يريـده الأخصـائي الاجتماعـي، في حـين ربمـا قـد يكـون في حاجـة إلى التحـدث في المطلق لكي يعبر عن كثير من انفعالاته وصعوباته ليتخلص من شحناتها، ولكنه لا يجد الفرصة لكثرة أسئلة الأخصائي الاجتماعي فيصاب بالإحباط والاحتباس الانفعالي.

لهذا على الأخصائي الاجتماعي عند صياغة الأسئلة مراعاة ما يلي:

- اللغة المناسبة لدرجة ثقافة وإدراك المتعامل معه، وألا يشتمل على أكثر من موضوع.

- أن يعطي السؤال فكرة واضحة عن المعلومات المطلوبة ويفي بالغرض منها.

- أن يعطي السؤال موجزا حتى لا يتذكر المتعامل معه نهايته وينسى بدايته.

- تجنب أسئلة الإدانة والأسئلة الملتوية والساخرة والإيحائية، فمثل هذه الأسئلة تثير الشـك عنـد صاحب الحالة، وتفقده الثقة الواجب توافرها لنمو العلاقة المهنية.

أما أسئلة المستفيدين فتحوم حول ثلاث مناطق:

1- المؤسسة وشروطها والمستندات المطلوبة.

2- نوع المساعدة وميعاد تقديمها.

3- أسئلة خاصة بشأن الأخصائي الاجتماعي، وهي أسئلة شخصية يجب أن لا يجيب عليها الأخصائي الاجتماعي إذا كانت تتعلق بخصوصياته، عليه أن يكيف إجابته بالطريقة المناسبة.

تساؤلات أصحاب الحالات

أن التفاعل بين الأخصائي الاجتماعي وصاحب الحالة يؤدي إلى علاقة مهنية قوية متميزة، حيث يساهم فيها الثاني بجانب كبير من ذاته، ولذلك لا مفر من أن تكوّن هنا مشاعر وآراء نحو الأخصائي الاجتماعي. وغالبا ما يتعذر التعبير عن هذه المشاعر والأفكار بطريقة مباشرة، ومن ثم تأخذ صيغة الأسئلة. مثال: قد يهتم بالسؤال عن الحالة الزواجية للأخصائي الاجتماعي، أو عن ما لديه من أطفال، أو أسباب اختيار العمل في مهنة الخدمة الاجتماعية، أو عن المشكلات الاجتماعية النفسية التي تكون قد واجهته، وما إلى ذلك من الأسئلة الشخصية البحتة.

وكثير من الأخصائيين المبتدئين يشعرون بالقلق عندما توجه إليهم أسئلة ترتبط بحياتهم الخاصة، ويشعرون بالخطر يحاصرهم ويشلهم الفزع، والعجز عن التصرف. ويخشون النتائج التي تترتب على تجاهل مثل هذه الأسئلة ويرون أنهم يعرضون صاحب الحالة للإحباط، وبالتالي سوف يفشلون في تناول الحالة. ولكن كثيرا من الأخصائيين الاجتماعيين يقدرون أهمية الإجابة على مثل هذه الأسئلة الشخصية. ويلجأ البعض الآخر للاستجابة نحو ما تثيره الأسئلة الشخصية من قلق بسؤال آخر غير ودي: (لماذا تسأل؟) وفي الواقع لا يمكن أن تخدم مثل هذه الاستجابات الدفاعية أهداف المقابلة ولا تساعد صاحب الحالة في توصيل مشاعره وأفكاره. ولما كانت معظم الأسئلة الشخصية تعبر دائما عن رغبات كامنة ومشاعر دفينة، فان على الأخصائي

الاجتماعي ان يعمل على استجلاء المعاني الضمنية التي تحملها أسئلة صاحب الحالة ومساعدته في إدراك مدلولها.

مثال: سؤال صاحب الحالة عن الحالة الزواجية للأخصائي الاجتماعي، قد يقصد بها رغبته في أن يتخذ من الأخصائي النموذج الذي يريد أن يتمثل دوره في حياته الخاصة، وقد يرغب في الإيحاء بعدم نضج الأخصائي الاجتماعي، مما يشير إلى استيائه وخوفه من موقف المساعدة، وبسبب هذه الدوافع وغيرها من الدوافع المحتملة التي تكمن وراء الأسئلة، فمن النادر أن تعبر الإجابة المباشرة عن المساعدة المطلوبة.

ولمساعدة صاحب الحالة فعلا للتعامل مع موقفه، من الضروري أن يربط بين الأسئلة وما يحدث في جلسات المقابلة.فعندما يصرح الفتى المراهق أنه يكن الكراهية للكبار ممن هم فوق الثلاثين، ثم يسأل الأخصائي عن عمره، فيجب على الأخصائي أن يوجه انتباهه نحو تسلسل الأحداث ويسأله: هل يدور بذهنك إن كنت تكرهني أم لا؟

والأخصائي الذي يهتم بمساعدة صاحب الحالة على اكتساب المزيد من الاستقلالية وتقدير الذات سوف يستخدم أسئلة الثاني في التقدم نحو أهداف المقابلات، ولا يقلقه كثيرا ما يتعرض له هذا من إحباط. ولا يتردد الأخصائي ولا يخشى أن يقول له أننا نرغب في تفهم موقفك بطريقة أفضل. أو دعنا نرى إذا كنا نستطيع تحديد أسباب سؤالك عني، أو أنا لا يهمني أن أخبرك إذا كان عندي أطفال، ولكن دعنا نتعرف على أسباب اهتمامك بذلك، وعندما يجد أن الأخصائي الاجتماعي يستخدم كل ما يقوله لتوجيه مسار المقابلة، فإنه يبدأ في التمعن في أفكاره ومشاعره التي تكمن وراء أسئلته.

وإذا فحصت الأسئلة الشخصية بعناية، فسوف يتكشف الأخصائي الاجتماعي عن جوانب خافية من شخصية صاحب الحالة، وأيا كانت المعلومات التي يدلي بها الأخصائي عن نفسه فهي عادة ذات تأثير محدود على نتائج المقابلات. ولذلك فإن الأسئلة من هذا النوع يجب الإجابة عليها في أضيق الحدود.

وسواء كانت أسئلة صاحب الحالة تدور حول حياة الأخصائي الخاصة أم حول أمور أخرى، فيجب التمسك بنفس القاعدة: وهي اكتشاف الأسباب التي تدعو صاحب الحالة إلى الاهتمام بإثارة السؤال بعينه.

إن طريقة إلقاء السؤال على صاحب الحالة تعتبر أكثر أهمية من مجرد الاهتمام بالصياغة الدقيقة للسؤال. فيجب أن يشعر صاحب الحالة بأن الأسئلة تنبعث عن مشاركة الأخصائي الاجتماعي له في مشاعره والتوحد بأحاسيسه الأمر الذي يبعث في صاحب الحالة الرغبة في التعبير الحر عن مشكلته، وزيادة عمليات الاتصال بالأخصائي الاجتماعي وتعميق مضمون الاتصال، والإقبال الصادق في مناقشة المشكلة.

ثالثا: مهارة التسجيل

يحتاج الأخصائي الاجتماعي لمهارة اختيار أنسب أنواع التسجيل بما يتناسب مع الحالة التي يتعامل معها الأخصائي وفقا لأمور متعددة، مثل الطريقة سواء أكانت طريقة العمل مع الفرد أو طريقة العمل مع الجماعة أو تنظيم المجتمع، أو المناسبة التي تمم فيها التسجيل، وذلك طبقا لإيجابيات ومناسبة كل نوع من أنواع التسجيل.

وسوف نعرض لهذه الأنواع وفقا لطرق التسجيل في العمل الاجتماعي، والاهتمام، وفترة التسجيل والمستوى.

1- من حيث طريقة التسجيل [1] :

أ- التسجيل الإحصائي: الذي يهتم بالأرقام والإحصائيات مثل عدد الحضور وعدد الغياب وعدد الاجتماعات... الخ، ويستخدم هذه التقرير بكثرة في طريقة خدمة الفرد ويعتمد كذلك على البيانات الأولية والثانوية وعند القيام بالبحوث الإحصائية.

ب- تسجيل وصفي وتحليلي: الذي يهتم بالكيف لا بالكم وبالعلاقات المختلفة بين الأفراد في الجماعات وبين الجماعات المختلفة، وهو يكتب مرة واحدة في كل عام كتقويم أو مرتين في العام وحجم هذا التقرير كبير جداً ويوجد فيه الأجزاء التالية:

1- الفرد خلال السنة: كم مرة شارك أو تشاجر أو تغيب عن حضور الاجتماع.

2- الجماعة ككل: عدد الجماعة والبرامج التي تمارسها.

---

(1) عدلي سليمان، الإشراف في العمل مع الجماعات، مكتبة عين شمس، القاهرة 1999.

3- الأخصائي الاجتماعي: كل ما يتعلق بالأخصائي خلال السنة.

4- البرامج: تقييم البرامج خلال السنة ودورها في الجماعة.

5- المؤسسة: موارد المؤسسة وما حققته المؤسسة.

ويتم استخراج مادة هذه التقارير من خلال التقارير الدورية واليومية.

ويكثر هذا النوع من التسجيل في طريقة العمل مع الجماعة.

2- من حيث الاهتمام [1] :

أ- سجلات تهتم بالمواطنين: كأفراد وكجماعات وكمجتمع، ويستخدم في طريقة تنظيم المجتمع، ويقوم بتسجيل قصصي لآراء القادة والمواطنين.

ب- سجل النشاط: نتناول البرنامج كرصف طريق أو إنشاء مدرسة أو مستوصف أو إقامة احتفال أو القيام بمباراة رياضية، إلى غير ذلك من ألوان النشاط المختلفة، التي يقوم بها المواطنون في مشروعات تنمية المجتمع وتنظيمه.

ج- السجلات الإدارية: وتشمل هذه السجلات أموراً مختلفة مثل ما يكتب عن المشروعات في الصحف والمجلات، ومطبوعات الهيئات المختلفة في المجتمع، والبحوث التي اجريت عن المجتمع، وأسماء وأهداف الهيئات المختلفة، وأعمال الموظفين العاملين في المنظمة، والخطابات الواردة والصادرة، ومحاضر الاجتماعات وجداول أعمالها. ويستخدم هذا التسجيل عادة في طريقة تنظيم المجتمع.

(1) عدلي سليمان ، الإشراف في العمل مع الجماعات، - مكتبة عين شمس، القاهرة 1999.

3- من حيث فترة التسجيل [1] :

أ- تسجيل يومي: يتابع العمليات المختلفة يوما بيوم، ويتناول تفاصيل لا تتناولها السجلات الأخرى.

ب- تسجيل الفترة (أي كل فترة): وهو الذي يعطي تلخيصا للموقف، ويتناول قضايا اتجاهية، فيقارن بين تقارير الأيام والأسابيع المختلفة، أو يقارن بين جماعة وأخرى أو قائد وآخر، وقد يكون هذا التسجيل كل أسبوعين أو كل شهر، أو كل ثلاثة شهور أو كل سنة.

ونعرض أنواع التسجيل في طرق العمل الاجتماعي الثلاث[2] على النحو التالي:

1- التسجيل في خدمة الفرد:

أ- التسجيل الإحصائي: تسجيل البيانات الأولية للعميل مثل الاسم، السن، عدد أفراد الأسرة، الترتيب العائلي.

ب- التسجيل التلخيصي: يستخدم كملخص لكل حالة بتلخيص المقابلات الدورية بهدف سرعة الرجوع إلى المعلومات والبيانات وسرعة مراجعتها وكذلك تلخيص لنهاية الحالة بالعلاج أو بتحويل الحالة إلى المؤسسات الأخرى والتركيز على الأولويات والأمور التي تستحق العناية والاهتمام.

ج- التسجيل الموضوعي: تسجيل نتائج المقاييس التي طبقت على صاحب الحالة وتسجيل النتائج منها.

(1) إبراهيم بيومي ، العمل مع الجماعات وعملياته الإشرافية والتحليلية، -1997.

(2) ماجدة علام ، طريقة العمل مع الجماعات، ، المكتب الجامعي الحديث، الإسكندرية، 1990.

2- التسجيل في خدمة الجماعة:

أ- التقرير الفردي: وهو تقرير عن كـل عضـو مـن أعضـاء الجماعـة، مـن حيـث: شخصياتهم وخصائصهم والجوانب النفسية والاجتماعية والعقلية المتعلقة بهم وكذلك دور العضو في الجماعة وعلاقة العضو بالجماعة.

ب- التقرير الدوري: وهو التسجيل اليومي للأخصائي الاجتماعي لكل أفراد الجماعة ويقوم بتسجيله بعـد الاجتماع، ويتكون من الجزء الإحصائي يتضـمن: رقـم التقريـر، اسـم الجماعـة، مكـان الاجـتماع وعـدد الحاضرين والغائبين حالة الطقس، يليه الجزء الإعدادي أي الإعداد للاجتماع (جـدول الأعـمال)، ثـم الجزء القصصي ويكتب فيه تفاعلات الأخصائي مع الأعضاء أو الجماعة وتفاعلات أعضاء الجماعة فيما بينهم، وختاماً الاستعداد للاجتماع القادم (جدول أعمال الاجتماع القادم).

ج- التسجيل التحليلي: يكتب مرة واحدة في كل عام كتقويم أو مرتين في العام وحجـم هـذا التقريـر كبـير جداً ويوجد فيه الأجزاء التالية:

1- الفرد خلال السنة: كم مرة شارك أو تغيب عن حضور الاجتماعات.

2- الجماعة ككل: عدد الجماعة والبرامج التي تمارسها.

3- الأخصائي الاجتماعي: كل ما يتعلق بالأخصائي في خلال السنة.

4- البرامج: تقيم البرامج خلال السنة ودورها في تنمية الجماعة.

5- المؤسسة: موارد المؤسسة وما حققته المؤسسة من أهداف.

ويتم استنباط مادة هذه التقارير من خلال التقارير الدورية واليومية.

د- تقرير المناسبات: يكتبه الأخصائي الاجتماعي عـن كـل مناسبة في المؤسسـة كالحفلات والرحلات وورش العمل وتكون على شكل تقرير دوري.

2- التسجيل في تنظيم المجتمع:

أ- تسجيل المواطنين/ القادة: ويقوم الأخصائي الاجتماعي بتسجيل قصصيـ لآراء بعض المـواطنين ثـم في جمع هذه الآراء في هذا السجل وتعتمد على مجموعة من الأسئلة والآراء.

ب- تقارير المشروعات: يقـوم الاخصائي الاجتماعي بتسجيل تنفيـذ المشروع، وكيـف تم،ومـن شـارك في التنفيذ، والصعوبات التي واجهت المشروع، والاستفادة من نتائج المشروع.

ج- التسجيلات الإدارية: ويعتمد الأخصائي الاجتماعـي فيهـا علـى اجتماعـات اللجـان الدوريـة واجتماعـات الموظفين، وذلك حتى لا يتم نسيانها أثنـاء عملـه مـع المجتمع، وكـذلك يسـجل المشـكلات الإداريـة، وخاصة ما يتعلق بالميزانية وكيفية التخلص منها.

الفصل الثاني

مهارات استقصائية

أولا: مهارة الملاحظة

يلجأ الأخصائي الاجتماعي في عمله مع الوحدات الإنسانية (فرد، أسرة، جماعة، منظمة، مجتمع)إلى ملاحظة ما يدور فيها، وما يبدو على وجه المحيطين به من تعبيرات، وما يقومون به من سلوك أو استجابات لتصرفاته معهم في مواقف الممارسة المهنية، لملاحظة التقدم الذي يطرأ على وحدة العمل.

وتتعدد مناطق الملاحظة، وتختلف باختلاف الحالات والمؤسسات والمعلومات المطلوب الحصول عليها، إضافة إلى ما تمثله الملاحظة من مهارة أساسية، لقياس عائد التدخل المهني، والتعرف على التغيرات التي حدثت لوحدة العمل أثناء التعامل، أو بعد الانتهاء من التعامل معه.

وتعتبر الملاحظة من الوسائل الأساسية لجمع المعلومات من صاحب الحالة وأسرته وبيئته وكيفية تناوله للموضوع أو المشكلة، فملاحظة حديث صاحب الحالة، أو نبرات صوته، أو ملبسه، أو بيئته وعلاقاته الآخرين، من أهم سبل تكوين صورة حقيقية عن الموقف الإشكالي.

هذا، وتعتمد بعض الاتجاهات الحديثة على الملاحظة ،كأساس علمي للتعرف على صاحب الحالة ومشكلته وتحديد أهداف السلوك المطلوب تغييرها، والاتجاه السلوكي يقوم أساساً على الملاحظة والقياس، ويحدد السلوك الذي يعمل الأخصائي الاجتماعي لتعديله، بأنه السلوك الملاحظ الذي يمكن تحديده.

وهذه الملاحظة، إما أن تكون عابرة عارضة، وإما تكون مقصودة، وفي الحالة الأولى فإن من السهل القيام بها إذا كانت الحواس سليمة، ولعل هذا ما يدعو كليات ومعاهد الخدمة الاجتماعية إلى التحقق من توافر هذه الشروط في المتقدمين لدراسة المهنة، أما الملاحظة المقصودة فتحتاج إلى تدريب لاكتساب المهارة في القيام بها، ولذا فإنها تعتبر

من أهم المهارات التي يتم تدريب الطلاب عليها بهدف تعريفهم بمفهوم الملاحظة وأهميتها، والتعرف على أهمية المهارة في الملاحظة، والوقوف على الجوانب التي يجب مراعاتها عند استخدام مهارة الملاحظة.وحتى تكتمل الفائدة فإنه يتم تدريب الطالب عمليا على القيام ببعض الملاحظات الخاصة بمواقف التعامل في مجالات الممارسة المهنية للخدمة الاجتماعية.

يلجأ الأخصائي الاجتماعي إلى الملاحظة في جمع البيانات عن مختلف الموضوعات، مثل سلوك الأفراد في الجماعات، وطرق التربية، وطرق معيشة الأفراد من مختلف الطبقات، فالملاحظة من أهم الأساليب في دراسة السلوك الاجتماعي، وتسجيله بالطريقة السردية، ويحتاج الأخصائي إلى أن يتعلم دراسة الجماعات، والسلوك الاجتماعي ووصف السلوك الذي يلاحظه.كما أن الملاحظات المتبصرة تساعد في تفهم الظواهر المعقدة، وفي التعمق فيما وراء مفاهيم الجماعة وأفكارها ومشاعرها وتصرفاتها.

سوف نتطرق في هذا الفصل إلى مفهوم الملاحظة وتوضيح المفهوم من خلال عدة مفاهيم وتعريفات، وتوضيحه أيضا من خلال طرق خدمة الجماعة وخدمة الفرد وتنظيم المجتمع.

مفهوم الملاحظة:

تعرف الملاحظة بأنها المشاهدة الدقيقة لظاهرة ما، مع الاستفادة بأساليب البحث والدراسة التي تتلائم مع طبيعة هذه الظاهرة، وهذا هو المعنى العام للملاحظة، وكذلك يستخدم هذا المصطلح نفسه بمعنى خاص، فيطلق على الحقائق المشاهدة التي يقررها الباحث في فرع خاص من فروع المعرفة.والملاحظة لغويا هي المعاينة المباشرة للشيء أو مشاهدته وهو ينمو من الوضع الذي هو عليه.

والملاحظة حسب علماء الاجتماع عبارة عن تفاعل وتبادل المعلومات بين شخصين أو أكثر والآخر المستجيب أو المبحوث عن طريق جمع معلومات محددة حول

موضوع معين ويلاحظ أثناء الباحث ما يثار من ردود فعل على المبحوث. [1] وهي تعني النظر إلى الشيء الملاحظ بمؤخرة العينين دلالة على التدقيق - بمعنى أن ننظر إلى الأمر أو مراقبة الشيء. [2]

وتعرف الملاحظة: بأنها النشاط العقلي للمدركات الحسية فهي المشاهدة المقصودة وغير المقصودة.. وهي تفيدنا في التعرف على كلمات الشخص المقابل المسموعة وغير المسموعة ،وتعرف أيضا: بأنها مراقبة مقصودة تستهدف رصد أي تفسيرات تحدث على موضوع الملاحظة، سواء كانت ظاهرة طبيعية أو إنسانية أو مناخية، وهذا التعريف يمثل الحد الأدنى أو المشترك بين جميع أنواع الملاحظات مع اختلاف طبيعتها وأهدافها.

وهي توجيه الذهن والحواس نحو ظاهرة من الظواهر بهدف دراستها، وتتطلب عمل الحواس وإعمال الذهن لتنظيم الملاحظات، والتعرف على ما هو هام وما هو أقل قيمة.وهي أيضاً نشاط يتطلب استخدام قدرات منظمة تم اكتسابها عن طريق التعلم. وتشكل الملاحظة جزءا من عمليات التفكير المنظم المتسلسل.وتعرف الملاحظة أيضا بأنها وسيلة يستخدمها الباحث لدراسة ظواهر لا يتمكن من دراستها عن طريق المقابلة أو الاستبيان، فلا بد أن يعيش الباحث هذه الظواهر، وأن يختبرها بنفسه.

وقد بدأ علماء النفس في دراسة السلوك دراسة تجريبية تلتزم بخطوات المنهج العلمي وأهداف العلم، وذلك بعد التطور الذي طرأ في مجال العلوم الطبيعية التي استخدمت هذا المنهج، ويعتمد هذا المنهج على دعامتين أساسيتين أحدهما الملاحظة.

تتطلب **طريقة الملاحظة** ، ملاحظة السلوك الظاهر للآخرين: حركاتهم، تعبيراتهم، طريقة أدائهم في المواقف المختلفة، والظروف التي تدفعهم إلى سلوك معين

(1) د. سامية محمد جابر: منهجيات البحث الاجتماعي والإعلامي، دار المعرفة الجامعية، الإسكندرية، 2000.

(2) صلاح الفوال: مناهج البحث في العلوم الاجتماعية، مكتبة غريب، القاهرة، ص250.

والابتعاد عن سلوك آخر.وتستخدم هذه الطريقة بصورة واسعة في كثير من ميادين علم النفس.

ويهتم الباحث في الملاحظة العلمية بتسجيل البيانات المراد الحصول عليها، ولذلك فإنه يراعي تسجيلها أولا بأول بمجرد أن يلاحظها، لأن الانتظار لفترة قد يؤدي الى نسيانها، كما يحرص أن تتضمن كل التفصيلات المهمة عن الظاهرة المدروسة.[1]

والملاحظة انتباه مقصود ومنظم وضابط للظواهر أو الأحداث أو الأمور من أجل اكتشاف أسبابها وقوانينها، باستخدام الحواس المختلفة وخاصة حاسة البصر[2] وهي عبارة عن سؤال موجه نحو الطبيعة يحاول الإنسان فيه أن يتدخل في الظروف التي تتم تحتها ظاهرة من الظواهر، لكي يرى أثر التعديل في الظروف التي يدرسها.[3] وهي بمعناها العامي البسيط الانتباه العفوي إلى حادثة أو ظاهرة أو أمر ما.

إن الملاحظة البسيطة نوع من الملاحظة العلمية غير المضبوطة، أو على الأقل ليست بدرجة عالية من الضبط والتنظيم ولا تستخدم فيها أدوات للتأكد من دقتها ويتضمن هذا النوع صورا مبسطة من المشاهدة ويعتمد في الغالب الأعم على المواقف الطبيعية الحية، ولكنه على الرغم من بساطة هذا النوع، فإنه أعلى مستوى من الملاحظة العرضية، وهو مفيد في الدراسات الاستطلاعية التي يدخل فيها الباحث الميدان وهو يجهل الأبعاد الحقيقية للمشكلة وليست لديه أهداف محددة لدراسته.[4]

أما الملاحظة بالمشاركة: فهي تمثل مشاركة الباحث الفعلية في حياة الأفراد الذين هم موضع الدراسة، وذلك بغية جمع أكبر قدر ممكن من البيانات عنهم والمشاركة في حياة

(1) علم النفس العام، وزارة التربية، مملكة البحرين، 2002.

(2) من كتاب تعليم العلوم والرياضيات للأطفال ــ ل رضا محمد نصر/ عفيفه شريف عبدالله/ عطيه- وزارة التربية والتعليم، عمان - الأردن 2000. صـ14

(3) من كتاب تعليم العلوم والرياضيات للأطفال المرجع السابق صـ14ـ

(4) من كتاب مناهج البحث الاجتماعي ـــ د. عمر محمد التومي الشيباني صـ221.

من هم موضع الملاحظة، تتفاوت في درجاتها من مشاركة كاملة إلى مشاركة جزئية، فقد يندمج الملاحظ في الجماعة التي يلاحظها اندماجا كاملا، بحيث يكون عضوا من أعضائها، يشارك في جميع نشاطها ويتفاعل معها تفاعلا كاملا، وقد يندمج في بعض أوجه نشاطها فقط، ويقف مراقبا من بعيد في أوجه وأحوال أخرى، وكثيرا ما يصعب على الباحث أن يحقق المشاركة كاملة.[1]

وهي في الخدمة الاجتماعية أو العمل الاجتماعي، موقف حيث يكون الأخصائي الاجتماعي إلى حد كبير عضوا كاملا في الجماعة، التي يعكف على دراستها ويشترك اشتراكا فعالا في حياتها ،غير أن من الصور المثالية أن يكون الأخصائي الاجتماعي تماما جزءا من الجماعة.

أما الملاحظة البسيطة: فهي نوع من الملاحظة غير مقصود ولا مضبوط، وهو النوع الذي يكون بداية للملاحظة العلمية والذي قد تنجم عنه فرضية تحتاج إلى بحث وتدقيق بعد ملاحظة علمية مضبوطة.[2]

وتعتبر الملاحظة من أدق الأسس التي تفيدنا في التعرف إلى كلمات الشخص الملاحظ المسموعة وغير المسموعة، وما وراء هذه الكلمات من معاني وما خلف هذه المعاني من دلالات وما وراء السلوك من أحاسيس.

والملاحظة أسلوب علمي نتعرف به إلى حقائق معينة لها أساسها العلمي.فهي إما تضع فروضا تحتاج إلى الإثبات أو تؤكد فروضا سبق افتراضها.وفي كل من الحالتين فهناك خطوة إلى الأمام نحو الوصول إلى الحقيقة ذاتها.

و ينجلي الأساس العلمي للملاحظة في أنها تعتمد على الحواس كالسمع والنظر، وهي حواس صادقة طالما تعتمد على عمليات فيزيقية يقينية، لا مجال للشك في صحتها، كما تعتمد على العقل والاستدلال المنطقي، عند تفسير هذه المحسوسات وتصنيفها،

(1) د. عبد الهادي الجوهري، معجم علم الاجتماع ــ . صـ241ـ

(2) د. فاخر عاقل ، أسس البحث العلمي في العلوم السلوكية ـ د. صـ88

والعقل والحقيقة متلازمان. وهناك آراء مختلفة لا تسلم مطلقا بصدق الحواس أو العقل من حيث إدراكها للحقيقة ذاتها كما هي في واقع الوجود، لتقول بأن الإنسان يحس فقط بما لا يرغب فيه، والعقل بدوره يفسر المحسوسات من خلال معتقداته وخبراته وتكوينه الذاتي. بمعنى اختلاف الأفراد عند ملاحظتهم للشيء الواحد حيث يدركه كل منهم بصورة تختلف عن الآخرين وفي نفس الوقت هم جميعا بعيدين بدرجة أو بأخرى عن الحقيقة ذاتها. ومثل هذه الآراء لا يجب أن تشككنا في قيمة الملاحظة ذاتها، لأنه مع تسليمنا المطلق بالفروق الفردية بين الأفراد جميعا ومنهم الأخصائيين الاجتماعيين أنفسهم، إلا أن ثمة ضمانات تقلل من آثار هذه الفروق على الذين يتعاملون معهم وتجنب إلحاق أي ضرر بهم وهذه الضمانات هي التالية:

- التجانس النسبي بين المهنيين، من حيث طبيعة الإعداد المهني الموحد علمياً وعملياً.

- نظام الإشراف المؤسس ودوره في صقل المهارات المهنية للأخصائي.

- أسلوب الشك المهني أو الحذر من التسرع عند إصدار الأحكام المطلقة على الذين نتعامل معهم.

- الجانب الإنساني للمهنة ذاتها الذي يجنب المتعاملين أي أخطار محتملة.

إن أكثر المهارات حساسية والتي يجب على الأخصائي الاجتماعي أن ينميها ويطورها هي مهارات الملاحظة. فالناس يرون فقط ما يحدد لهم اجتماعياً أن ينظروا إليه، حيث يستغرق الفرد في أحاسيس عديدة لديه، سواء كانت شعورية أو لا شعورية. وأثناء تعلم مهارة الملاحظة فإن الهدف الأساسي أن يصبح الأخصائيون الاجتماعيون أكثر إدراكاً لتلك الأحاسيس بوجه خاص والتي تشوه إدراكهم للآخرين.

إن من غير المؤكد أن يكون الإدراك موضوعياً تماما. والملاحظة أكثر من مجرد الرؤية والنظر. فالأخصائي الاجتماعي يلاحظ ما يقوله الطرف المقابل وعليه أيضاً أن يلاحظ ما لم يقله ذاك الطرف، مثل فجوات معينة أثناء حديثه. وعلى الأخصائي

الاجتماعي أيضا أن يلاحظ المظاهر الجسمية مثل المظهر الجسمي الخارجي، والتوترات الجسمية، احمرار الوجه، العرق، الرجفة، سرعة التهيج، الاكتئاب، لأنها تكمل وأحيانا قد تناقض أو تكذب الانطباعات التي أعطتها كلمات الفرد. والملاحظة عملية اختيار أو انتقاء لما ينبغي أن نراه. فالأخصائي الاجتماعي يجب أن يقرر وبشكل مستمر ما يجب ملاحظته، لأن من المستحيل أن يلاحظ كل شيء. ولكن من المهم توزيع ملاحظته على الأعضاء للتعرف على الاستجابات المختلفة من غضب أو تجنب أو ضيق حيث أن هذه الملاحظة سوف تشجع بطريقة مباشرة الاستجابات التي سوف تؤكد أو تنفي ملاحظات الأخصائي الاجتماعي.

إن ملاحظة الأخصائي الاجتماعي ليست سلبية، ولكنها دائما موجهه نحو هدف محدد، كما أن الملاحظة تؤثر في الشخص أو السلوك موضع الملاحظة، حتى إذا كان دور الأخصائي الاجتماعي يقتصر ـ على الاستجابة لما يحدث فإن تلك الاستجابة من الممكن أن تكون سبباً في غضب الطرف المقابل وشعوره بالتهديد والارتباك، أي أن مجرد الاستجابة تكون مؤثرة في الفرد أو الجماعة موضوع الملاحظة.

ويمكن أن يقوم الأخصائي الاجتماعي بالمواجهة القوية الفعالة، والدقيقة عندما تكون العلاقة المهنية الجيدة قد تأسست، فعندما يعرف الأخصائي الاجتماعي صاحب الحالة جيداً وتنمو العلاقة يصبح الأخصائي قادراً على الاستفسار عن معلومات معينة.[1]

أهمية الملاحظة:

تعود أهمية استخدام الأخصائي الاجتماعي لمهارة الملاحظة في المواقف المختلفة للعوامل التالية:

(1) سلمى محمود جمعة: المدخل إلى طريقة العمل مع الجماعات، المكتب الجامعي الحديث، الإسكندرية، 1999، ص251ـ

- تؤكد على قدرة الأخصائي على تطبيق الجوانب النظرية، واستخدامها في توظيف ما حصل عليـه من حقائق ومعلومات.

- تؤكد على قدرته في استخدام ما يتميز به ذاتيا في استخدام بعض حواسه، و تجاوبه مع موضـوع الممارسة واستخدامه للمكونات الواقعية.

- تؤكد على أن الأخصائي الاجتماعي قادر على تطبيق المنهجية العلمية والبداية الصحيحة للحصول على الحقائق أو تأكيد ما توصل إليه.

- توضح تفاعل الأخصائي الاجتماعي مع الواقع الفعلي والإحساس الحقيقي لما يصـدر مـن الطرف الآخر (الفرد-الجماعة-المجتمع).

- تعبر عن الاهتمام بالتعبير الإنساني اللفظي وغير اللفظي ،وهذا لا يمكن تحقيقه إلا مـن خـلال التعبير اللفظي.

- تساعد المستفيدين مـن الخدمـة الاجتماعيـة علـى استمرارية التعامل والتفاعـل مـع الأخصائي الاجتماعي لأنه دليل على اهتمامه واحترامه لهم في المواقف السلبية أو الإيجابية.

- تساهم في وضع خطة لعملية المساعدة مبنية على حقائق مؤكدة من الواقع لأن هـذه الوسيلة أكثر واقعية من الوسائل الأخرى.

الملاحظة في العمل مع الأفراد:

تبدأ الملاحظة في طريقة خدمة الفرد عند بداية المقابلـة وإلى نهايتهـا، وأول خطـوات الملاحظة هي الإدراك الحسي، فلا يمكن لأية معلومات جديدة أن تدخل إلى عقل الإنسان إلا عن طريق الحواس، إذ ان الإدراك الحسي يسبق الإدراك العقلي.

فالملاحظة تعتمد على الحواس،وهذه الحواس صادقة ما دامت سليمة وطبيعية، وعـلى العقـل تفسير هذه المحسوسات وتحليل مدلولها.

الملاحظة في طريقة العمل مع الجماعات:

تعتبر الملاحظة في خدمة الجماعة من أهم أساليب دراسة السلوك الجماعي وتسجيله بالطريقة السردية، وهي تحتل مكان الصدارة بين أساليب دراسة ديناميات الجماعة وفي دراسة السلوك الجماعي، حيث تعتبر الملاحظة من أهم الأدوات التي يستخدمها الأخصائي الاجتماعي بأن يحدد الهدف من قيامه بالملاحظة، وما الذي يجب ملاحظته من سلوك ومواقف، وكيفية تسجيله لأنماط السلوك أو التفاعل الذي يخضع للملاحظته.

وقد حدد توماس دوجلاس أهمية الملاحظة في العمل مع الجماعات في النقاط التالية:

- معرفة نمط الاتصال في الجماعة.
- فهم ديناميات عملية صنع القرار في الجماعة.
- معرفة وفهم وسائل التعبير غير اللفظية المصاحبة لعملية التفاعل الجماعية.
- معرفة وفهم العوامل التي ترتبط بالقوى والتأثير في فهم العملية الجماعية.

وتتم الملاحظة في العمل مع الجماعة إما عن طريق الأعضاء أنفسهم أو بواسطة الأخصائي الاجتماعي، فالملاحظة لأعضاء الجماعة تساعد في إدراك أعضاء الجماعة سلوكهم وتسجيل هذه الملاحظات ثم عرضها على الجماعة خلال الاجتماعات الدورية، ويسهم هذا الأسلوب في تدعيم السلوك المرغوب والحد من السلوك غير المرغوب، وتستخدم مع الأعضاء وسائل لتسجيل ملاحظاتهم أهمها الجداول واليوميات ومقاييس التقدير المتدرجة.

الملاحظة في العمل مع المجتمع:

تتضح أهمية الملاحظة كوسيلة أساسية يستخدمها الأخصائي الاجتماعي في مختلف الوسائل، بهدف التعرف على المجتمع والمشكلات والموارد التي يمكن الاستفادة منها في النهوض بالمجتمع، ويستخدم الأخصائي الاجتماعي في ممارسة تنظيم المجتمع الملاحظة كوسيلة أساسية لجمع البيانات (المعلومات) التي لا يمكن جمعها بطريقة أخرى وذلك من خلال اللقاءات والاحتكاكات مع سكان المجتمع.

وقد قسم "جاتي" الملاحظة أثناء المشاركة إلى ثلاثة أنواع:

1- عندما يكون الملاحظ فيه موجودا بدنيا، ولكنه لا يتفاعل مع المواقف الظاهرة.

2- عندما يشارك الملاحظ في الموقف في حدود اهتماماته فقط وجمع المعلومات.

3- عندما يصبح مشاركا حقيقيا في الموقف، وبعد ذلك يقوم بملاحظة ما قام به من سلوك ويحل ما قام به من أفعال.

ويستخدم الأخصائي الاجتماعي الممارس لطريقة تنظيم المجتمع الملاحظة أثناء المشاركة، أثناء مساعدته للمجتمع المحلي ،الذي يعمل معه حتى يستطيع من خلالها معرفة القيادات والأدوار المؤثرة في المجتمع المحلي، والذي يستطيع الممارس أن يستثمرها لتحقيق الأهداف الذي يسعى إليها.

4- أنواع الملاحظة:

للملاحظة أنواع يتداخل بعضها في بعض، ويختلف بعضها عن بعض، وتقسم إلى الملاحظة البسيطة والملاحظة المنظمة.

1- الملاحظة البسيطة Simple Observation

يقصد بالملاحظة البسيطة ملاحظة الظواهر كما تحدث تلقائيا في ظروفها الطبيعية دون إخضاعها للضبط العلمي، وبغير استخدام أدوات دقيقة لقياس التأكد من دقة الملاحظة وموضوعيتها.

ويمكن أن تتم الملاحظة البسيطة بإحدى طريقتين:

أ- الملاحظة بدون مشاركة: وهي التي يقوم فيها الأخصائي الاجتماعي دون أن يشترك في أي نشاط تقوم به الجماعة التي يتصل أعضاؤها اتصالا مباشرا، ومن مميزاته أنه يهيئ للأخصائي الاجتماعي فرصة ملاحظة السلوك الفعلي للجماعة في صورته الطبيعية، وكما يحدث فعلا في مواقف الحياة الحقيقية.

ب- الملاحظة بالمشاركة: وهي التي تتضمن اشتراك الأخصائي الاجتماعي في حياة الناس الذين يقوم بملاحظاتهم، ومساهمته في أوجه النشاط الذي يقوم بها لفترة مؤقتة وهي فترة الملاحظة، ويستلزم هذا النوع من الملاحظة أن يصبح الأخصائي الاجتماعي عضوا في الجماعة التي يلاحظها، وأن يساير الجماعة ويتجاوب معها، وأن يمر في نفس الظروف التي تمر بها، ويخضع لجميع المؤثرات التي تخضع لها.

2- الملاحظة المنظمة Systematic observation:

يختلف أسلوب الملاحظة المنظمة عن أسلوب الملاحظة البسيطة اختلافا يباعد بينهما من حيث الضبط العلمي والتحديد الدقيق، والملاحظة المنظمة تخضع للضبط العلمي سواء كان ذلك للقائم بالملاحظة أو بالنسبة للأفراد الملاحظين أو بالنسبة للموقف الذي تجري به الملاحظة.

وتتم الملاحظة المنظمة بالمشاركة أو بدون مشاركة من جانب الأخصائي الاجتماعي، وهي تستلزم الدقة العلمية والقيام بتسجيل الملاحظات المنظمة للتقليل من احتمالات التحيز، وضمانا لعدم النسيان، وليس التسجيل أمرا هينا بل يحتاج إلى تدريب وإعداد ويقظة من جانب الأخصائي.

تستخدم في الملاحظة المنتظمة الوسائل التالية:

أ- المذكرات التفصيلية:

يستلزم التسجيل الدقيق لموضوعات الملاحظة تدوينها أولا بأول في مذكرات وافيـة تشـتمل عـلى دقائق الموقف الاجتماعي، ويمكن عن طريق هذه المذكرات فهم المواقف والوقوف عـلى العلاقـات القائمة بين أجزائها، كما يمكن الاستعانة بها والاستفادة منها في مواقف الملاحظة المتشابهة.

ب- الصور الفوتوغرافية:

تستخدم في دراسة الحياة الاجتماعيـة لأحـدى الجماعـات، فإنـه يسـتطيع أن يلـتقط لقطـة مـن الصور تبين طرق العمل ونظام المعيشة ووسائل إشغال وقت الفراغ وأنواع الملاحظات القائمـة بـين الأفـراد، وشكل المساكن، وما إلى ذلك من جوانب الجماعة، ويستفاد من الصور الفوتوغرافية في توضيح مدى التغير الذي يطرأ على حياة الأفراد والجماعات.

ج- الخرائط:

توضح الخرائط بدقة العلاقة بين البيئة القائمة بالمجتمع موضوع الدراسة.

د- نظام الفئات:

أي تعريف السلوك في فئات تساعد الأخصائي الاجتماعي أن يصف الموقف الاجتماعي بصورة كمية، ويفيد نظام الفئات في أنـه يمـد القائمين بالملاحظة بإطار مرجعـي موحـد، كـما يزيـد مـن احـتمال ملاحظة الجوانب الرئيسية في السلوك ملاحظة تتسم بالثبات.

هـ- مقاييس التقدير: تستخدم مقاييس التقدير في تسجيل المواقف الاجتماعيـة بطريقـة كميـة، فـإذا أراد القائم بالملاحظة مثلا أن يسجل مساهمة كل عضو من أعضاء الجماعـة في المناقشة العامـة، فإنـه يجـب أن يستخدم مقياسا للتقدير.

و- المقاييس السوسيومترية:

وسيلة توضح ببساطة وبمساعدة الرسم التكوين الكامل للعلاقات الكائنة في وقت محدد بين أفراد جماعة خاصة، وتعمل على قياس العلاقات الاجتماعية، تتضمن مهارة الأخصائي في الملاحظة اختيار الأسلوب المناسب في هذا المجال، حتى يمكن للملاحظة أن تحقق أهدافها بقدر المستطاع، حيث أن كل أسلوب له من المميزات والعيوب ما يجعله مناسبا في موقف وغير مناسب في موقف آخر، كما أن هناك أساليب قد لا تناسب الخدمة الاجتماعية كمهنة إنسانية تركز أساسياتها على احترام كرامة الإنسان والديمقراطية وحق تقرير المصير تدفع المستفيدين للتعامل مع الأخصائي الاجتماعي، والقبول لما يتبعه من خطوات، وما يستخدمه من مبادئ وأدوات متميزة في الخدمة الاجتماعية.

وفيما يلي استعراض سريع لهذه الأساليب:

1- الملاحظة العامة البسيطة:

وهي ملاحظة الظواهر كما تحدث تلقائيا في ظروفها الطبيعية دون إخضاعها للضبط العلمي، وتسجيل ما يتم التعرف عليه مباشرة، دون تحديد الجوانب التي يجب ملاحظتها، فتكون هناك معلومات عامة عن الموضوع أو المشكلة وتسجل المعلومات في شكل تقرير عام عن الملاحظة، دون استخدام أدوات دقيقة لقياس دقة الملاحظة أو موضوعيتها.

2- الملاحظة الموضوعية:

وفي هذا المجال ترتبط مهارة الأخصائي الاجتماعي بتحديد موضوعات معينة ومحددة مرتبطة بالموقف أو الحالة أو الموضوع في إطار تلك الموضوعات فقط وجميع الموضوعات تكون الصورة العامة للمشكلة أو موضوع الملاحظة.

3- الملاحظة باستخدام دليل الملاحظة:

حيث أن دليل الملاحظة يتضمن الموضوعات ومتطلبات ملاحظتها أي ما يلاحظه الأخصائي الاجتماعي فعليا ومكوناته، كملاحظة العلاقات بين أعضاء الجماعة، ويسجل مدى التعاون، الصراع، التنافس، المنطويين، الجماعات الفرعية وتأثير هذه الأنواع على الحياة الجماعية.

4- الملاحظة التتبعية:

وتتطلب تلك الملاحظة مهارة عالية في الأخصائي الاجتماعي من حيث إيجاد الرابطة بين مواقف الملاحظة لجوانب معينة ومحددة، وتتبع تلك الجوانب خلال الملاحظة، ويستخدم الأخصائي الاجتماعي أداة ترتبط بجوانب التتبع المختلفة وعدد مراتبها حسب الموقف، والحالة التي تواجه الأخصائي الاجتماعي والمقارنة وفقا لمدد زمنية يتم تحديدها لقياس والتعرف على مدى التغير الذي يحدث للعميل.

5- الملاحظة التقديرية:

وهي عبارة عن استمارة خاصة بالملاحظة، تسجل فيها الموضوعات التي يجب ملاحظتها، ووضع تقديرات أمام كل موضوع، طبقا لما يراه الأخصائي الاجتماعي.

6- ملاحظة الصدفة:

يواجه الأخصائي بعض المواقف والتصرفات التي قد تحدث من أصحاب الحالات بالصدفة أي دون اهتمام بالإعداد والترتيب لهذه الملاحظة، و تتضح مهارة الأخصائي في استخدام هذا الأسلوب.

7- ما يدل على نجاح الملاحظة:

يستدل على نجاح الأخصائي الاجتماعي في استخدام مهارة الملاحظة من خلال تحقيق الدلائل التالية:

- استخدام الملاحظة لتحديد الاحتياجات.
- استخدام الملاحظة للتعرف على التغيرات التي تحدث أثناء العمل.
- الإعداد للملاحظة: مناطقها، كيفيتها، زمنها، طرق تسجيلها.
- إمكانية استخدام مهارات أخرى للتأكد من دقة الملاحظة وصدقها.
- إمكانية تسجيل الملاحظة بدقة.
- إمكانية تصنيف موضوعات الملاحظة.
- الاستعداد النفسي والمهني للقائم بالملاحظة.
- الابتعاد عن الذاتية والتفسير الشخصي لما تمت ملاحظته.
- إمكانية تحليل المواد الملاحظة.
- الاهتمام بتسجيل التفاصيل.
- التكرار بالملاحظة من قبل الملاحظ نفسه أو غيره من الملاحظين. [1]
- تحكيم المادة الملاحظة من قبل الخبراء.
- ارتباط مناطق الملاحظة وموضوعاتها بأهداف التدخل المهني.

8- المناطق أو الجوانب التي تركز الملاحظة عليها:

تركز الملاحظة على عدد من المناطق أو الجوانب المتعلقة بالحالة الفردية أو الجماعة أو المجتمع الذي يعمل الأخصائي الاجتماعي معها، ومن هذه المناطق أو الجوانب ما يلي:

(1) موقع مجلة العلوم الاجتماعية http://www.swmsa.com

1- المظهر الخارجي:

العناية بالملبس والنظافة الشخصية، حيث أن المظهر يوضح علامات لها دلالات خاصة بطبيعة المشكلة كمظهر الفرد وعلاقته بمدى حاجته للإعانة المادية.

- الحالة الصحية، العاهات الجسدية، الأزمات العصبية، التهتهة، الأعراض المرضية، السعال، الأورام، الحساسية.
- المظهر الجسمي، الطول، القصر، النحافة، البدانة.

2- الجوانب النفسية:

- الانفعالات الواضحة، كالغضب، الحزن، الخوف، الحب، الكره.. والتي تظهر في نبرات الصوت والحركات سواء منها العصبية، النظرة، البكاء... الخ.
- الانفعالات المقنعة خلف أساليب المقاومة المختلفة، كإنكار الغضب بافتعال الفرح أو إسقاط كراهيته لشخص معين بأن يتهم هذا الشخص بكراهيته له.
- النمط المزاجي العام هل الفرد من النمط الاكتئابي أو التشاؤمي أو المنبسط أو المنطوي.
- مواقف الحيرة والتردد أو ما يعرف بالتناقض الوجداني بين انفعالين متعارضين يقف الفرد بينهما حائرا مترددا.
- فلتات اللسان أو أخطاء التعلم والكتابة ذات الطبيعة اللاشعورية.
- السمة العامة للشخصية من حيث الاتزان الانفعالي أو الاضطراب النفسي.

3- الجوانب العقلية والمعرفية:

- القدرة الإدراكية كسمة عامة للفرد من حيث تمتعه بقدر مناسب عن دوره، حاجته إلى المؤسسة، معرفته لمشكلته، إدراك موضوعي لاحتمالات المستقبل.

- الجوانب الإدراكية الخاصة لموضوع معين مثل تمتع الفرد بقـدرة إدراكيـة عامـة، ولكـن ينقصـه إدراك الجوانب الصحية المرتبطة بمرضه، أو إجراءات المؤسسة أو القانونية... الخ.

- قدرة الفرد على التفكير المنطقي بإدراكه للشيء ووضع الاحتمالات والفـروض، ثـم اختبارهـا وتجربتها ثم اتخاذ القرار المناسب.

- القدرة على التركيز والانتباه والربط الاستدلالي للحقائق.

- التسلسل المنطقي في الحديث.

- القدرة على قياس أهمية المواقف المختلفة في مشكلة، قد يركز على جوانب ليسـت ذات أهميـة ويترك الجوانب المهمة.

4- الجوانب السلوكية:

- أسلوب الفرد في الحديث وطريقته في عرض المشكلة، مع مراعاة الألفاظ والعبـارات، مـن حيـث ارتباطها بقيم ثقافية معينة.

- مظاهر التهويل والمبالغة والتضليل، التي يلجأ إليها بعض الأفراد لاستدرار العطف.

- مدى تمتع الفرد بصفات الصدق والأمانة والقيم الأخلاقية العامة، كـما تظهـر مـن خـلال سـلوك العميل وحديثه ومظهره خلال المقابلة.

- الاتكالية، العناد، العدوان، الخضوع، التشكك، الحساسية أو التسلط وما إلى ذلـك مـن سـلوكيات ترتبط بطبيعة المشكلة ذاتها. [1]

_____

(1) محمد مصطفى أحمد ، خدمة الفرد النظرية والتطبيق، المكتب الجامعي الحديث، الإسكندرية، 1991.

5- جوانب سير حديث صاحب الحالة:

إن طريقة الدخول في الحديث ودرجة استرسال صاحب الحالة فيه ودرجة لباقته ومدى قدرته على التعبير ونغمات الصوت وتأثرها بانفعالاته ، من الجوانب الجديرة بالملاحظة، وكذلك ملاحظة ما إذا كان يملك القدرة على التأثير في محدثه أم لا وملاحظة مستواه اللغوي، ونوع الألفاظ التي يستعملها ودرجة ثقافته ونوعها.

ويهتم الأخصائي الاجتماعي بطريقة وصف صاحب الحالة لموقفه ومشاكله وتصور ألوان الضغوط المختلفة وكيف يعاني منها. وملاحظة فلتات اللسان لأن الحقائق نصف المعبر عنها كثيرا ما تكون حقيقية وصادرة دون تزييف أو تغليف كما ينتبه الأخصائي الاجتماعي إلى تسرعه في بعض المواطن من الحديث، وذكر بعض الحقائق مقتضبة مع عدم استكمالها أو تفسيرها تفسيرا ملتويا بقصد التضليل أو التخلص منها. ولا بد من الانتباه أيضا إلى النقاط التي يطيل الحديث عنها والنواحي التي يوجز فيها.

كما ينبغي ملاحظة تردد صاحب الحالة أو توقفه عن الحديث أو الصمت، أو الامتناع عن الإجابة عن أسئلة معينة، أو الهروب بلباقة منها، أو محاولة إجمال الحديث وعدم توضيحه، أو تغير مجرى الحديث، كما يهتم الأخصائي بمدى تجاوبه معه أثناء الحديث، إذ يجب الاهتمام بكيفية البدء في المقابلة وتطور الحديث مع الإشارة إلى جهود صاحب الحالة وجهود الأخصائي، واستجابة كل منهما للآخر في أطوار الحديث، وأثر هذه الجهود في تسلسل الأفكار، أو الكشف عن مواطن جديدة من الدراسة كانت خارجة عن خط سير الحديث، كما ظهر منذ البداية.

6- جوانب نمو العلاقة المهنية:

يهتم الأخصائي الاجتماعي بمراقبة العلاقة المهنية، وكيف يتجاوب صاحب الحالة، مع استخدامه للمبادئ المهنية المختلفة، وهل تكونت بالأسلوب السليم أم لا، ويلاحظ مدى ارتياح صاحب الحالة لوظيفة المؤسسة وللمسئوليات المطلوبة منه، وما

يظهر من ألوان الحماس أو التعاون، أو التعبير عن الرغبة في اتخاذ الخطوات المتجهة نحو الهدف.

7- جوانب المقاومة:

لا بد من ملاحظة وتأمل صور المقاومة التي يبديها صاحب الحالة والمواقف التي اقترنت بها، ودلالة هذه الصور وأهدافها، وما يصاحبها من انفصال أو استهتار أو عدم اكتراث، كالتهرب من الإجابة أو الصمت أو الإطراق أو اللجلجة في الكلام أو التضليل أو التردد أو تحويل مجرى الحديث أو محاولة تأجيل المناقشة إلى فرصة آجلة أو عاجلة.

8- جوانب إنهاء المقابلة:

إن من الواجب ملاحظة ومتابعة خط سير المقابلة منذ البداية، وما كشف من مناطق دراسية وما حققه من أهداف، وكيف حدثت، وهل كانت طبيعية أم أتت فجأة، وعلى غير انتظار من الأخصائي الاجتماعي، وهل استمر صاحب الحالة في المقابلة، وأبدى بعض المقاومة في إنهائها، وكيف تصرف الأخصائي الاجتماعي للوصول على نهاية يقبلها ذاك، وهل تم تحديد المسئوليات والاتصالات القادمة، وهل هي واضحة في ذهن صاحب الحالة؟وأخيرا تجب ملاحظة الحالة الوجدانية للعميل عند مغادرته لمكان المقابلة ومدى ما توصلت إليه العلاقة المهنية من تقدم. [1]

_____

(1) انظر :

1-: جلال الدين الغزاوي ، مهارات الممارسة في العمل الاجتماعي، منشورات ذات السلاسل، الكويت، 1996.

2-: السيد عبد الحميد عطية ، ممارسة طرق العمل مع الجماعات، المكتب الجامعي الحديث.

3-: محمد علي البوفلاسة ، طريقة العمل مع الأفراد ، المكتب العلمي للنشر والتوزيع.

4- مجلة العلوم الاجتماعية

http://www.swmsa.com/forum/showthread.php?t=1604

9- مزايا الملاحظة وعيوبها:

تعتبر الخدمة الاجتماعية والبحث الاجتماعي أن الملاحظة وسيلة مهنية هامة ذات فوائد، وذلك مما لها من مزايا تتمثل بما يلي:

1- أنها أفضل طريقة مباشرة لدراسة عدة أنواع من الظواهر، إذ أن هناك عـدة جوانـب للتصرفات الإنسانية لا يمكن دراستها إلا بهذه الوسيلة.

2- أنها لا تتطلب جهودا كبيرة تبذل من قبل المجموعة التي تجري ملاحظتها بالمقارنـة مـع طـرق بديلة.

3- أنها تمكن من جمع بيانات تحت ظروف سلوكية مألوفة.

4- أنها تمكن من جمع حقائق عن السلوك في نفس وقت حصولها.

5- أنها لا تعتمد كثيرا على الاستنتاجات.

6- أنها تسمح بالحصول على بيانات ومعلومات مـن الجـائز أن لا يكـون فكر بها الأفراد موضوع البحث حين إجراء مقابلات شخصية معهم أو حين مراسلتهم.

7- تعطي صورة واقعية عن بيئة العمل، و تساعد على أداء التدخل المهني.

8- تؤثر على سير العمل بطريقة إيجابية في عملية التدخل.

9- تتيح الفرصة للارتباط المباشر ببيئة العمل وملاحظة الأشياء على الطبيعة وبالتالي إتاحـة الفرصـة للحصول على بيانات واقعية يمكن الاعتماد عليها.

10- أنها قليلة التكاليف، حيث لا تتطلب أية تكاليف تذكر.

أما عيوب الملاحظة فهي ما يتعلق بالجوانب التالية من خطوات التدخل المهني:

1- يصعب تسجيل البيانات وملاحظة عدد كبير من الناس.

2- قد يشعر المستهدفون بالملاحظة وبالتالي يعدلون سلوكهم.

3- بسبب حصر الملاحظة في بيئة العمل، تكون البيانات غير مكتملة.

4- تتطلب الملاحظة وقتا كثيرا.

5- أنها مقيدة بفترة معينة، فمثلا عند انتهاء اجتماع الجماعة لا يمكن ملاحظة الأعضاء.

6- هناك بعض أنواع السلوك يصعب ملاحظتها.

7- قد يتحيز القائم بالملاحظة فلا يسترعي انتباهه إلا كل غريب، ولا ينتبه إلى المألوف المعتاد.

8- قد يتعمد الأفراد موضوع الدراسة إعطاء انطباع جيد أو غير جيد، وذلك عندما يدرك هؤلاء الأفراد أن الأخصائي يقوم بمراقبة سلوكهم.

9- من الصعب توقع حدوث حادثة عفوية بشكل مسبق، لكي يكون الأخصائي الاجتماعي حاضرا في نفس الوقت.

إن من أكثر المشكلات إثارة في الملاحظة هي التالية:

- تحيز الأخصائي في عرض النتائج.

- الانتقاء غير المقصود في الإدراك والتسجيل والعرض.

- إضفاء معان لا يقصدها الفاعلون أنفسهم.

- أن يعتبر خطأ حادثة عارضة لها صفة الخصوصية حادثة متكررة.

- خطأ الحواس وأدوات الملاحظة نفسها.

- تباين استخدام أنواع الملاحظة ووحدة الملاحظة، فالملاحظة بالمشاركة لا تستخدم مثلا مع المرضى بأمراض معينة.

- لا تستخدم في بعض الصور الخاصة بالتفاعل الاجتماعي، كالتفاعلات العائلية بين الأزواج والتفاعلات بين المنحرفين.

- لا تستخدم في التنبؤ بالسلوك أو المواقف.

- تتأثر بالإطار المرجعي للأخصائي الاجتماعي ووجهة نظره.
- تتأثر ببعض جوانب الضبط التي تستخدم في الملاحظة المنظمة في تلقائية المواقف الاجتماعية، وإن كانت تقلل من التأثيرات الذاتية للأخصائي الاجتماعي.[1]

ومن ثم فللملاحظة العلمية حدود كأسلوب من أساليب جمع البيانات، فهي تعكس الأفعال وردود الأفعال والخصائص الموضوعية للموقف أو السلوك، وتصلح أيا كان نوعها مع الأفراد والجماعات الصغيرة.

ويسعى الأخصائي الاجتماعي إلى الحصول على أعلى درجة من الدقة في إجراءات الملاحظة وذلك بالتغلب على الصعوبات التي تعترضه، فقد تؤثر على معامل ثبات مقاييسه ويجب على المشرف مراعاة التالي:

1- تحديث الإطار المرجعي لمادة ملاحظته على أن يكون هذا التحديد واضحاً ولا يحتمل الشك، فمثلا لو أراد المشرف ملاحظة جماعة في موقف يواجه هذه الجماعة كحل مشكلة، يجب على الأخصائي أن يحدد الإطار الذي سيحدث فيه فئات السلوك، مثل سلوك العضو بالنسبة لإستجابات باقي أعضاء الجماعة أو ما يقصده نفسه من سلوكه ومن الجائز أن يستخدم الاثنين معاً.

2- تحديد وحدات ملاحظته بالإضافة إلى تحديث الوحدات الزمنية للملاحظة. فمثلا يحدد وحدة الملاحظة هل هي عضو الجماعة أم الجماعة أم قائد الجماعة، كما يقوم بتحديد الوحدات الزمنية التي سيجري فيها ملاحظته.

3- ملاحظة الاختلافات والفروق الفردية بين الأخصائيين الاجتماعيين.

4- تبسيط إجراءات الملاحظة بقدر الإمكان.

(1) طلعت مصطفى وآخرون ، تصميم بحوث الخدمة الاجتماعية،: مركز الكتاب الجامعية، جامعة حلوان، 2002، ص345.

5- إجراء مقابلات حرة مع الأعضاء الموضوعين تحت الملاحظة، وذلك للتحقق من مطابقة ملاحظة الأخصائي وما فعلوه أو شعروا به أثناء الملاحظة.

6- توضيح الغرض وطريقة الملاحظة للرؤساء المباشرين، وبذلك يقضي على أي مخاوف أو تحفظ تجاه الملاحظة.

7- التأكد من صحة البيانات التي يسجلها، بمطابقتها مع التقارير وسجلات الموظفين.

8- الابتعاد عن تكرار الملاحظة.

9- تركيز الملاحظة على القوة العاملة ككل. أما إذا كان المطلوب ملاحظة سلوك فرد محدد فالأفضل أن يقوم بذلك رئيسه المباشر.

10- التأكد من أن البيانات التي سجلت يمكن أن يعول عليها، بمعنى أنه إذا كان هناك أكثر من ملاحظ فإن بياناتهم يجب أن تتطابق. [1]

11- الاقتراب من الحدث الملاحظ وعدم المشاركة فيه.

8- شروط نجاح الملاحظة:

إن نجاح الملاحظة يتطلب توفر مجموعة من الشروط، ترتبط مواصفات الملاحظة الجيدة وبأخلاقيات الذي يقوم بالملاحظة وكفاءته باستخدام هذه المهارة.

فعلى الأخصائي الاجتماعي مراعاة بعض النقاط عند القيام بالملاحظة وذلك لضمان نجاحها مثل:

1- حصوله على المعلومات الكافية المسبقة عن موضوع الدراسة.

(1) http://www.swmsa.com

2- تحديد أهدافه من إجراء التجربة واستخدام أسلوب الملاحظة، وعليه كـذلك تسجيل المعلومـات والنشاطات المختلفة سواء المنبثقة من هدف الملاحظـة أو غيرهـا، كـون الأخـيرة قـد تكـون ذات صلة وثيقة بتفسير سلوك ظاهرة الدراسة.

3- استخدامه الوسائل والأدوات المناسبة لتسجيل الوقائع والنتائج، وذلك لتقنين أساليب الملاحظـات المتعددة أو المستقلة، وتحديد الأدوات الإحصائية اللازمة في عملية التسجيل.

4- تحديد الفئات التي سيقوم بملاحظتها عليها إضافة لتحديد خصائص كل فئة.

5- تحري الدقة في الملاحظة وأساليبها، وعدم التسرع في تسجيل النتائج غير المنتظمة.

6- المعرفة التامة بأساليب وأدوات القياس والإحاطة بها قبل استخدامها. [1]

ويجب أن تتوافر لدى الأخصائي الاجتماعي مجموعة من الشروط ليتمكن من دقة الملاحظة صحتها تتمثل بما يلي:

1- سلامة الحواس.

2- اليقظة وسرعة البديهة مع حسن اختيار موقع الملاحظة.

3- سلامة التقديرات والمقاييس دون استعمال أدوات القياس.

4- القدرة على عمل مميزات دقيقة واستنباط فواصل الحدود بين الصفات المختلفة.

5- الخلو من الظروف المرضية.

6- التسجيل الدقيق المباشر في أول فرصة مناسبة خوفا من اندثار وزوال الملاحظة.

---

(1) علي مكاوي، الجوانب الاجتماعية والثقافية للخدمة الصحية، دار المعرفة الجامعية، الإسكندرية، الطبعة الأولى، 1988.

7- الإدراك العقلي الواسع بحيث تكون خبرة الأخصائي وتفكيره كافيان لاستخلاص معاني لها شأن وأهمية لما تدركه الحواس.

8- الخلو من التحيزات أو عادات النقد.

9- الخلو من الانفعال والتوتر أثناء عملية الملاحظة.

تؤكد المهارة في الملاحظة على قدرة الأخصائي الاجتماعي في تطبيق الجوانب النظرية واستخدامها في توظيف ما نحصل عليه من حقائق ومعلومات.. وتؤكد الملاحظة للأخصائي الاجتماعي قدرته في استخدام ما يتميز به ذاتيا في استخدام بعض حواسه، وتجاوبه مع موضوع الممارسة، واستخدامه للمكونات الواقعية. والملاحظة كأداة من أدوات البحث العلمي في جمع البيانات تؤكد أن الأخصائي قادر على تطبيق المنهجية العلمية والبداية الصحيحة، للحصول على الحقائق أو تأكيد ما توصلنا إليه.

وتوضح الملاحظة من خلال مهارة الأخصائي الاجتماعي في استخدامها مدى تفاعل الأخصائي مع الواقع الفعلي وإحساسه الحقيقي لما يصدر من الطرف الآخر الفرد – الجماعة – المجتمع، ومهارة الأخصائي الاجتماعي في الملاحظة تعبر عن الاهتمام بالتعبير الإنساني اللفظي كالحديث، والأقوال، التعبيرات المختلفة وغير اللفظية: كالإشارات، حركات اليدين، الصحة، الابتسامة.

إن مهارة الأخصائي في الملاحظة ضرورية، لأنها تساعد المستفيدين من الخدمة الاجتماعية على استمرارية التعامل والتفاعل مع الأخصائي، وذلك دليل على اهتمامه واحترامه لهم في مختلف المواقف سواء السلبية أو الإيجابية، ومهارة الأخصائي تساهم في وضع خطة لعملية المساعدة، مبنية على حقائق مؤكدة من الواقع، لأن هذه الوسيلة أكثر واقعية من الوسائل الأخرى.

وتجدر الإشارة إلى ضرورة تمتع الأخصائي الاجتماعي بدرجة عالية من الالتزام الأخلاقي، ومن بينها الرقابة في المجتمع، الذي يخضعه للملاحظة والاندماج مع أهله، والصدق والصراحة في الكشف عن المعلومات والبيانات التي حصل عليها ولها دلالة.

علمية هامة، دون حذف ما يراه أنه من خصوصية المجتمع، إلا إذا كان إغفالها لا يؤثر على حجم ونوعية الحقائق اللازمة للتحليل الاجتماعي للموقف.

وقد يلجأ بعض الأفراد إلى تزييف سلوكهم عند التحدث مع الأخصائي الاجتماعي، أو قد يشعر بعضهم أن الأخصائي الاجتماعي يتدخل في خصوصياتهم، ومن جهة أخرى قد يلجأ الأخصائي الاجتماعي إلى ملاحظة بعض الجوانب التي لا علاقة لها بالسمة المرغوب ملاحظتها في سلوك الذي يلاحظه، وربما يكون بعيداً عن الموضوعية في تسجيل السلوك الملاحظ.

يجب على الأخصائي احترام هذه اللحظات التي يصمت فيها صاحب الحالة الذي يقابله ويشجعها، لكي يقف على أغراضها التي قد تنتج في منح الفرد فرصته لالتقاط أنفاسه أو تنظيم أفكاره أو استحضار نقاط هامة في المشكلة أو الصمت للمقاومة وكأسلوب دفاعي أو الصمت لينتظر رد فعل الأخصائي الاجتماعي أو استجابة معينة.

والملاحظة لا ترتبط بالمقابلة الداخلية بالمؤسسة فقط ، بل تمتد لتشمل أيضا جوانب متعددة في المقابلات الخارجية في المنازل أو مكان العمل - كأن يلاحظ الفرد في أسرته وعلاقاته بهم وأسلوبه في التعامل وانفعالاته المختلفة وانفعالات المحيطين به كما يلاحظ المكان والاهتمام به بنظافته... الخ - كما يلاحظ الفرد أيضا في مكان عمله من حيث علاقاته فعلا بزملائه ومرؤوسيه ومشاعرهم نحوه أيضا.[1]

(1) د. أحمد سعد جلال، مذكرات في مقرر علم النفس الاجتماعي- جامعة البحرين، قسم علم النفس، 2004.

ثانيا: مهارة الإنصات

يعتبر الإنصات أحد الوسائل الهامة لتبادل المعلومات بين الأخصائي الاجتماعي وصاحب الحالة، يساعد على تركيز الانتباه بالنسبة للطرفين، و يشجع المتحدث على الاستمرار في الحديث، ويدعم الانطباعات والصراحة بين الأخصائي وصاحب الحالة إلى جانب المساعدة في اكتساب الخبرات بالتعلم من الآخرين، إلى جانب القدرة على قراءة ما بين السطور. (البدوي 93)

وقد قدم العلماء العديد من النصائح للأخصائي الاجتماعي للاستفادة منها في تطبيق مهارة الإنصات وهي:

1- توقف عن الكلام: فأنت لا تسمع وأنت تتكلم.

2- حاول أن تريح المتحدث: أعطيه الفرصة لكي يتكلم، شجعه أن يعبر عن نفسه.

3- أظهر له أنك تود الاستماع إليه، اجعل تعبيرات وجهك وتصرفاتك توحي بأنك مهتم بالاستماع إليه.

4- لا تشوش على عملية الاستماع بأن تقرأ أوراقك أو تعبث بأصابعك.

5- ضع نفسك مكانه: تصور أنك المتكلم حتى تتعاطف معه وتحس بمشكلته.

6- كن صبوراً: بأن تعطي المتحدث وقتا كافيا ولا تقاطعه، ولا تهم بتركه كأن تتجه إلى الباب وهو يتحدث إليك.

7- احتفظ بهدوئك، فالشخص الغاضب يقع في خطأ المعاني، ويتصيد الكلمات السيئة للمتحدث.

8- تقبل المناقشة والانتقادات: فإن ذلك يؤدي إلى هدوئه، ولا تجادل فالجدال خسارة للطرفين.

9- اسأل: فهذا يشجعه ويظهر له أنك مستمع جيد، مما يمكنك مـن الحصـول عـلى معلومـات أكـثر ورؤية واضحة.

10- توقف عن الكلام إذا أردت أن تسمع فلن تستطيع أن تتكلم. (حجاب 20)

ويمكننا أن نوجز أهمية الإنصات الجيد في خدمة الفرد في التالي:

1- بالنسبة للأخصائي الاجتماعي:

1- يعطي له الفرصة لملاحظة سلوك وحدة العمل وتفكيره.

2- يعطي له الفرصة لاستجماع أفكاره.

3- الإنصات هو الطريق الذي يمهد لتكوين العلاقات المهنية.

2- بالنسبة لصاحب الحالة:

1- يتيح لصاحب الحالة فرصة التحدث في مشكلته، ويعبر عنها بحرية، مما يسـاعده عـلى تخفيـف التوترات التي يعاني منها.

2- يتيح لصاحب الحالة الإحساس بفرديته وذاتيته وحقه في التعبير بحرية عن نفسه.

3- يتيح لصاحب الحالة فرصة استرجاع الأحداث وربطها ببعضها، وهنا يساعده عـلى الوقـوف عـلى صورة أوضح للمشكلة.

4- الإنصات يؤدي دوراً علاجياً لصاحب الحالة من مضطربي الشخصية، الـذين حبسـوا مشـاعرهم فترة طويلة، ولم يجدوا من ينصت إليهم.

5- الإنصات الجيد عملية شاقة، تحتاج إلى تدريب كبير ولها قيمة كبيرة في تفهم الفرد ومشكلته وتساعد على الخروج بتشخيص جيد وبذلك أصبح الإنصات الجيد من الأدوات الهامة في خدمة الفرد. (رشوان 73)

تحتوي ظاهرة الصمت التي تعتري سير المقابلة من وقت لآخر، على الكثير من المعاني التي يجب ألا تقتصر مهارة الأخصائي الاجتماعي على الإلمام بطبيعتها فحسب، بل يجب أن تتعدى ذلك لكي يصبح على علم ودراية بأبعادها المختلفة أيضاً. ويعد تقديم الخدمة عن طريق الحديث أو الاستعانة بلغة الجسد مصدراً قوياً، يستمد منه الإنسان الإحساس بالأمن والارتياح، أكثر مما لو ترك يتخبط بمفرده في غياهب الصمت، وهو يحاول تفسير ما ينطوي عليه من معان.

ولهذا السبب يجب علينا التوجه بكل حواسنا نحو مصدر الرسائل التي يحاول الصمت أن يبعث بها إلينا، لكي نتمكن من أن نصغي إليه بالأذن الثالثة، كما يجب ألا يقتصر تعاملنا مع ظاهرة الصمت كما لو كانت مجرد نوع من أنواع التهديد، أو العجز عن التعبير، أو السلوك المخالف لأبسط قواعد اللباقة، بل يجب علينا التعامل معه كمؤشر للتعبير عن إقامة نوع من أنواع الاتصال، الذي يمكن إدراك معانيه من خلال العلاقات القائمة بين الناس، وذلك بدلاً من معاملته كما لو كان مجرد تعبير من عدم الرغبة في استمرار الكلام، أو كنوع من أنواع الاستهتار بما يدور من حديث. (الغزاوي 177)

نماذج الصمت:

للصمت نماذج عديدة تختلف في معانيها وتشمل النماذج التالية:

1- صمت الغضب أو الإحباط، وهو الذي لا يعبر فيه الإنسان بالكلمات، بل يعتمد الصمت كأسلوب لتوصيل الرسالة.

2- صمت الاستماع لحديث أو محاضرة: في هذا النوع يحاول المستمع فهم الأفكار والآراء والاتجاهات التي يعرضها المتحدث ومحاولة تلخيصها، بغرض الاستفادة منها في واقع حياته.

3- صمت الملل: هو تعبير عن الانسحاب أو الانصراف عن الموقف نتيجة للتقييم السلبي لما يجري. ويتحين المستمع الفرصة للانصراف قبل انتهاء الحديث.

4- صمت عدم القدرة على استيعاب الموضوع المطروح للنقاش، إما لصعوبته أو عـدم فهمه أو غموضه.

5- صمت التأمل أو التقدير أو الاحترام: وهو يمثل نمطا من أنماط الإعجاب والانبهار بالمتحدث.

6- نمط الاختلاف حول ما يثيره الطرف الآخر من أفكار وآراء. (أبو عرقوب 61)

الإصغاء إلى الصمت بالأذن الثالثة:

أما عن ذلك النوع من الصمت الذي يشترك فيه كل من الأخصائي وصاحب الحالة عـن طريق الاستعانة بأسلوب التريث عند البت في الأمور، فإنه يخدم بذلك غرضاً خاصاً، يتمثل في إتاحة الفرصة أمـام الأخصائي، لكي يصغي إلى صاحب الحالة بالأذن الثالثة.

وتتميز مهارة الإصغاء بهذه الأذن بقـدرتها عـلى الوصـول إلى المشـاهد والأصـوات في آن واحـد. ويعني هذا الإصغاء إلى كل من الأفكار والمشاعر في آن واحد مما يمكنا من إدراك الانطباعات الحسية التي تتركها هذه الأفكار والمشاعر في نفوسنا. ولا شك في أن الاستعانة بالأذن الثالثة هـي التي تمكـن الأخصائي الاجتماعي من استخدام سرعة تفكيره في إضافة معنى جديد إلى الكلمات التي يدلي بها صاحب الحالة أو الحركات التي يؤديها أمامه، ولا يقصد ما يهدف وراء استخدام هـذا النوع مـن الصمت انتظار الأخصائي لدوره لكي يبدأ الحديث، بقدر ما يهدف إلى استثمار الوقت في الإصغاء إلى حديث الآخر بشغف وتمعن.

ومن بين المزايا المتعددة لاكتساب مهارة الاستماع إلى الآخرين عن طريق الاستعانة بالأذن الثالثـة أنها تجبر الأخصائي على استشعار الكثير مما يختلج في صدر الآخر مـن أمور كثـيرة في أثـناء الفـترات التي يتخللها الحديث أو الصمت، وفي هذه الحالة

يصبح الأخصائي على دراية بالعالم الذي يعيش فيها صاحب الحالة من خلال الإصغاء إليه بالأذن الثالثة. ويعني هذا تنمية القدرة على الاستنتاج أو الاستقراء، وإدراك العلاقات غير الواضحة وخاصة تلك التي تلعب دوراً كبيراً في ربط الأحداث ببعضها بعضاً.

ثمة معوقات تعترض الإنصات والاستماع الجيد تتمثل بما يلي:

1- **سطحية الحديث**: فقد يكون بسبب سوء الإعداد أو تفاهة الحـديث، لأن المتحدث نفسـه غير متحمس لحديثه، وينعكس ذلك عند انصراف صاحب الحالة عن الاستماع.

2- **فقدان الهدف** الذي يكمن في الشعور بعدم الفائدة، أو أن الحديث لا يضيف جديداً، ولا يساعد على توضيح المشكلة.

3- **التشويش**: وينقسم إلى قسمين تشويش ميكانيكي مثل الضوضاء الخارجية، ضعف حاسة السمع، الإصابة بالأمراض، أو الاستماع لأكثر من شخص واحد يتحدثون في وقت واحد، و التشويش الآلي يكون بسبب وجود أسباب خاصة بالمتحدث مثل عدم انتباهه أو انشغاله بقضايا خارجية.

4- **السرحان: وهو** نوع من أنواع التشويش العقلي ويحدث عندما يكون المتحدث مشغولاً أو مشوشاً عاطفيا غارقاً في تخيلاته، مما يشكل صعوبة لمتابعة ما يجري حوله من حديث.

5- **اللامبالاة**: وهي شكل من أشكال عدم الاهتمام إما لتحامل الأخصائي على صاحب الحالة، أو لعدم قناعة ذاك بالأخصائي الاجتماعي، أو عدم احترامه له.

6- **عدم الصبر**: ويتمثل في المستمع القلق أو المتعجل للانصراف، فهو لا يهتم في الحديث، بل يركز على مقاطعة المتحدث وقد ينصرف قبل نهاية الحديث.

7- **الميل للانتقاد:** الذي يتمثل في الشخص الذي يتملكه السلوك النقدي والعجرفة. ويوجه جل اهتمامه نحو النقد أكثر من الإنصات، ويتحين الفرص لإظهار أكبر قدر ممكن من الانتقادات للمتحدث. (البدوي 97)

وهناك من يضيف عوائق أخرى للاستماع هي:

1- **عوائق جسدية:** وتتمثل في الإعاقة السمعية واللفظية، أو الإصابة ببعض الأمراض التي تعوق القدرة على التركيز والإنصات.

2- **الشعور بالملل:** وينشأ عندما يكون الإنسان مجبراً على الاستماع فيميل إلى الشرود الذهني وفقدان الانتباه والاهتمام.

3- **ضعف الصوت:** قد يكون المتحدث منخفض الصوت، مما يتطلب الانتباه والتركيز الشديدين من المستمعين. وهذا الوضع يؤدي إلى الإرهاق الذهني وصعوبة الاستمرار في عملية الإصغاء.

4- **الأنانية:** وهي الميل إلى تلقي المعلومات التي تتفق وميول المستمع ورغباته واتجاهاته، فهو يفهم تلك المعلومات بصورة مشوشة، ويحاول تفسيرها بما يتفق مع آرائه ويتجاهل الآراء التي لا تتفق معه.

5- **محتوى الحديث:** قد يكون مضمون الحديث ومحتواه لا يشجع على الاستماع مثل عدم أهمية الموضوع وسطحية الأسلوب ولجوء المتحدث لاستخدام صيغة الأمر أو النقد، أو الكلمات المنفرة وغير المألوفة. (البدوي 100-101) [1]

---

(1) أنظر:

1- إبراهيم أو عرقوب: الاتصال الإنساني ودوره في التفاعل الاجتماعي، دار مجدلاوي، عمان 1993.

2- جلال الدين الغزاوي: مهارات الممارسة في العمل الاجتماعي، مكتبة الإشعاع 2001.

3- عبدا لمنصف حسن رشوان: عمليات الممارسة المهنية لطريقة خدمة الفرد، المكتب الجامعي الحديث 2006.

4- محمد البدوي: المهارات المهنية للأخصائي الاجتماعي، المكتب الجامعي الحديث، 2005.

5- محمد منير حجاب: مهارات الاتصال للإعلاميين والتربويين والدعاة، دار القاهرة 2000.

ثالثا: مهارة التعامل مع المشاعر السلبية

تعرف المشاعر بأنها " حالة انفعالية يمر بها الشخص وتؤثر على طريقة تفكيره ومستوى أدائه لأدواره الاجتماعية التي يقوم بها " وهي تنقسم ا إلى مشاعر سلبية، تحتاج إلى تفهم ومراعاة، ومحاولة إبدالها إلى مشاعر إيجابية، تحتاج إلى مزيد من التدعيم.

ولما كانت الخدمة الاجتماعية نظام اجتماعي يقوم بحل مشكلات الإنسان وتنمية قدراته، ومعاونة النظم الاجتماعية الموجودة بالمجتمع للقيام بدورها، وإيجاد نظم اجتماعية يحتاجها المجتمع لتحقيق رفاهية أفراده، فإنها تقوم بحل المشكلات وإيجاد الرفاهية للأفراد، وهذا لن يتحقق إلا من خلال التعرف على المشاعر والأفكار الخاصة بالأفراد، لمحاولة حل مشكلاتهم والتغلب عليها ولديها من الطرق لتقوم بدور وإسهام في محاولة التعرف على المشاعر.

فقد اهتمت طريقة خدمة الفرد بالتعامل مع الأفراد ومحاولة التعرف على مشكلاتهم لإيجاد الحلول المناسبة لها، وتقوم بالاعتماد على مبدأ التقبل كوسيلة أساسية للتعامل مع المشاعر السلبية على وجه الخصوص، فمن أهم قواعد تطبيق هذا المبدأ هو أن التقبل وحدة متكاملة لا انفصام لها، بمعنى أنه ينبغي أن ينصب على جميع ما يتعلق بالفرد: معاملته بالطريقة التي يفهمها في اللغة أو التعبيرات أو نوع التحية ، لا ينفر من مظهره وملبسه ، لا يتأفف من مسكنه، يقبل أفكاره وآرائه ومعتقداته ، يتقبل مشاعره ، وبالتالي فعلى الأخصائي الاجتماعي أن يتقبل كل ما يتعلق بالفرد صاحب الحالة.

ومن أهم معوقات تطبيق المبدأ هو ارتباط صاحب الحالة بمجموعة من المشاعر السلبية ،منها على سبيل المثال:

- المخاوف التي تنتابه: الخوف من المجهول داخل المؤسسة، وكيف ستكون معاملته، وما إذا كان سيجد احتراما أو احتقارا، الخوف من إفشاء أسراره وانفضاح أمره

بين الناس، الخوف أن يكشف الأخصائي كذبه إذا كان قد أدلى ببعض البيانات المضللة، الخوف من أن تكون المساعدة التي سينالها من المؤسسة هزيلة لا تكفي مطالبه.

- شعوره بالعار: وذلك عندما تكون مشكلته من المشكلات التي ينظر إليها المجتمع نظرة خاصة، ويتوقع نفس الاتجاه من قبل الأخصائي فيأخذ موقفا دفاعيا تجاه الأخصائي.

- شعوره بالنقص: حيث يعتقد بأن وقوعه فريسة هذه المشكلة التي يعاني منها تعني أنه فقد العناصر والعوامل التي تدعو الناس إلى تقديره واحترامه، ويتوقع معاملة خالية من الاحترام من الأخصائي فلا يتقبله.

- شعوره بالذنب: وذلك عندما يشعر بوجوده في موضع اتهام، لأنه سبب بطريقة مباشرة أو غير مباشرة في مشكلاته أو مشكلات أبنائه، ويعبر عن ذلك بمقاومة عملية التقبل.

إن صاحب الحالة كما هو معروف ينقل مشاعره نتيجة خبرة سابقة وقعت في حياته مع شخص معين إلى شخص الأخصائي، وذلك إذا ما وجدت الظروف التي تساعد على هذا التحويل، كتشابه في النظرات أو النبرات أو طريقة الملبس، ويتجه هذا إلى كره الأخصائي إذا كان يكره الشخص الأول، وقد يحبه إذا كان يحب الشخص الأول، بحسب نوعية المشاعر كما سبق وأشرنا إليها.

كما وتمت الإشارة إلى موضوع المشاعر من خلال أساليب العلاج النفسي الاجتماعي في خدمة الفرد و التي تعتمد على المعونة النفسية لإزالة المشاعر السلبية التي ارتبطت بالموقف الإشكالي ذاته، كالقلق والغضب والألم والذنب، ولا بد من التخلص منها ومن آثارها أولا ،حتى يستجيب الفرد للعمليات العلاجية التعديلية. والمعونة النفسية وسيلة لتخفيف حدة المشاعر المصاحبة للمشكلة أو إزالتها، ولكنها ليست مواجهة متعمدة لأي مشاعر عصابية أو شبه عصابية. بمعنى أنها أساليب تزيل أو تخفف

حدة القلق أو الذنب أو الغضب الواضح أو المكظوم تلك التي نشأت نتيجة المشكلة فأفقدت قدرة الذات على التماسك والاستقرار، وبإزالتها تعود الذات إلى استقرارها ومباشرة وظائفها كما كانت من قبل.

وتعتمد المعونة النفسية على الأساليب التالية:

- العلاقة المهنية: تحتل العلاقة المهنية مكانة متميزة في العلاج في اتجاه سيكولوجية الذات، إذ عن طريقها يتمكن الأخصائي الاجتماعي من أن يزيل أو يخفف قلق الفرد أو مشاعر الذنب والدونية وعدم الثقة بالنفس، ويمكنها أن تخلق جوا يجعل الفرد يشعر بالثقة في الأخصائي وفي مهاراته ويؤمن بقيمة الاتصال به.

- التعاطف: وهو اتجاه من جانب الأخصائي الاجتماعي يهدف إلى أن يشعر الفرد أن الأخصائي الاجتماعي يقدر موقفه والظروف المؤلمة والصعبة التي يعاني منها وما يعانيه من آلام وما مر به من مآسي، فالفرد في هذه المواقف يحتاج إلى مشاركة وجدانية تخفف ما يعانيه منه، فالطالب الذي يعيش في ظروف أسرية سيئة أو يفاجأ بوفاة والده، أو العامل الذي يصاب في حادث مفاجئ يمنعه من مزاولة عمله، يحتاج كل منهما الى لمسة حانية ومشاعر دافئة.

- التعاطف: هو أسلوب يطبق في حالات خاصة تنتاب الفرد فيها مشاعر حادة من القلق والألم والذنب، كحالة الأم التي جزعت حال معرفتها بالقبض على ابنها، أو العامل الذي انهار عقب اكتشاف إصابته بمرض خطير.

- المبادرة: هو أسلوب يمارس مع الأفراد النافرين أو المتباعدين أو الخائفين من الارتباط بالغير، حيث يقوم الأخصائي بجهود خاصة لجذب الفرد إلى طلب المساعدة أو الاستمرار في طلبها، وعادة ما تمارس مع الأطفال والأنماط الخائفة أو العدوانية، فاقدة الثقة بالآخرين.

- الإفراغ الوجداني: هي العمليات التي تساعد الفرد على التعبير الحر عن مشاعره التي يكظمها ولا يقمعها أو يكبتها، فهو رغم أنه لا يظهرها إلا أنه يعيش في مجالها النفسي- وتعتمد هذه العملية على ثلاثة وسائل هي:

❖ الاستثارة: وهي أسلوب تنبيهي يسلط الأضواء على جوانب معينة يستشف الأخصائي من خلالها مضامين وجدانية حبيسة الشعور، فقد تكون الاستثارة بالاستماع أو التعليق أو الاستفهام.

❖ التشجيع: هو تعزيز الاستثارة لضمان استمرار الفرد في التعبير عن مشاعره، كأن يشجع الأخصائي المعوق على الاستمرار في إطلاق مشاعره بالقول "شيء طبيعي أنك تتضايق".

❖ التوظيف: وهو محاولة استثمار هذه المشاعر وتوجيهها لنواحي أخرى اما بالإبدال أو بالواقعية. فالأولى هي تحول الطاقة الوجدانية المستدعاة إلى قنوات أخرى تمتصها أو تخفف من حدتها، فبدلا من أن تتركز كراهية الأم في طفلها اللقيط، يمكن تحويلها إلى كراهية للظروف التي أوقعتها في هذا المأزق، أو للأب الذي أنكر علاقته بها، أو أن تحول كراهية الزوج لزوجته الثانية للوم نفسه على الانصياع لرغبة والدته للزواج بها، أو للحادث الذي أدى بحياة زوجته الأولى. فانتقال الوحدة الحسية من منطقة إلى أخرى، يخفف بالتالي من تركيز هذه المشاعر على الشخص الذي كانت كلها موجهة إليه.

أما الثانية فهي محاولة لضبط المشاعر بالمواجهة الواقعية المنطقية، وهو أسلوب يفيد مع كثير من الحالات التي تتسم بالتطرف والخيال وعدم النضج، ليحتاج الأمر إلى أسلوب يوقف تيار المشاعر المسرفة بصدد هذه الفجاجة العاطفية.

كما اعتبرت خدمة الجماعة الاتصال بالمشاعر أحد المهارات التـي يجـب أن يتمتـع بهـا أخصـائي خدمة الجماعة وعلى هذا فقد تم تقسيم المشاعر إلى: [1]

- مشاعر الأخصائي الاجتماعي، وتتضمن مشاعره نـاحيتين أحـداها تلقائيـة والأخـرى موجهـة، فالمشـاعر التلقائية تنبع منه كشخص، وهي تتضمن جانبين أحدهما إيجـابي والآخـر سـلبي، والمشـاعر الإيجابيـة مثل الثقة في النفس و الحب، أما المشاعر السلبية فمثل الخوف والكراهية والتحيز.

لذلك كان يجب على الأخصائي كشخص مهني أن يوجه مشاعره ويضبطها، حتى يسيطر علـى ذلك الجانب السلبي. فمشاعر الأخصائي نحو العضو والجماعة يجب أن تكون مشاعر حب وتقبل، ولكن إذا كره الأخصائي العضو أو الجماعة لسبب أو لآخر، فإنه يكون بذلك قد تخلى عن دوره المهني، وعليه أن يكتسب بصيرة في مشاعره تمكنه من تحليلها وفهمها بأمانة، ثم إخضاعها للتوجيه حتى تسير في الحدود التي تضعها له التزاماته المهنية.

- مشاعر عضو الجماعة: إن مشاعر عضو الجماعة تشتمل أيضا علـى جـانبين أحـدهما إيجـابي والآخـر سلبي. والمشاعر الإيجابية مثل تقبل الأعضاء والجماعة وتقبل الأخصائي والمؤسسة، أمـا المشـاعر السلبية فمثل كراهية عضو في الجماعة أو الجماعة أو العداء الموجه للأخصائي.وواجـب الأخصـائي هـو مساعدة العضو على أن يتفهم مشاعره، وينقل تلك المشاعر بعد تفهمهـا، كـما يسـاعد العضـو علـى التعبير عن مشاعره بطريقة سليمة.

فعلى سبيل المثال إذا وجد الأخصائي الاجتماعي أن عضواً يحاول أن يعتدي عليه بأي وسيلة باسـتمرار، عندئذ يجب على الأخصائي الاجتماعي أن يحاول معرفة مغزى سلوك العضو، فربما كان عـداؤه موجهـا إلى الأخصائي كمصدر للسلطة، نتيجة لخبرات

---

(1) اتجاهات معاصرة في خدمة الفرد، مجموعة من الأساتذة، كلية الخدمة الاجتماعية، جامعة حلوان، القاهرة 1999.

سيئة مع الأب أو سلطة سابقة أو أخصائي سابق. إذا تأكد الأخصائي من نتيجة تحليله، فعليه أن يحاول بلباقة أن يكسب العضو بصيرة في سلوكه، والمرحلة التالية لذلك هي مساعدة العضو على تقبل مشاعره، إذ أن العضو قد يتعرض لارتباك شديد إذا ووجه بحقيقة مشاعره، وإذا نجح الأخصائي في ذلك فعليه بعدئذ أن يساعد العضو على التخفيف من مشاعره وتوجيهها، وذلك لا يتم بسرعة، فعلى الأخصائي أن يتمشى مع قابلية العضو للتغير، وطوال فترة التغيير يساعد الأخصائي العضو على التعبير عن تلك المشاعر السلبية، بطريقة مقبولة حتى يتم للعضو التحرر منها، ولا يتعرض لكبتها أو لكبحها.

- مشاعر الجماعة: إن الجماعة لا تتكون من مجموعة من الأعضاء، بل إن لها خصائصها المنفصلة عن خصائص الأعضاء كأفراد، كما أن لها ذاتيتها وكيانها، وعلى ذلك فلا يمكن اعتبار مشاعر الجماعة كمجموع حسابي لمشاعر الأعضاء المكونين لها، إذ أن مشاعر الجماعة تختلف اختلافا عن مشاعر أعضائها، رغم أنها في الأصل ناتجة عن تفاعل تلك المشاعر، وهذه الظاهرة معروفة باسم " التطور الانبثاقي "، فالعناصر المكونة لأي مركب كيميائي، لا تعطي ذلك المركب خصائصه، بل أن للمركب الكيميائي خصائصه المختلفة تماما عن خصائص العناصر المكونة له، وعلى هذا القياس فإن مشاعر الجماعة هي حصيلة مشاعر الأفراد ،غير أنها مختلفة تماما عنها، ولها خصائصها وسماتها المميزة لها.

وعلى الأخصائي أن يحاول أن يتفهم مشاعر الجماعة، يدرس دوافعها ويحاول أن يتعامل معها بطريقة موضوعية، فيتقبل مشاعر الجماعة مهما كان نوعها ومهما كان الدافع إليها، ثم يحاول أن يكسب الجماعة بصيرة في مشاعرها، ويساعدها على تنمية العناصر الإيجابية في تلك المشاعر، وعلى تقويم النواحي السلبية فيها، وعلى التعبير عن مشاعرها بطريقة مقبولة. [1]

---

(1) محمد عادل خطاب وأنيس عبد الملك: أساسيات العمل مع الجماعات، مكتبة القاهرة الحديثة، 1979، ص197.

أما طريقة تنظيم المجتمع فترى أن المجتمع يمكن أن تنتابه بعض المشاعر، كالسلبية في التعاطي مع مشكلات المجتمع، وعدم المشاركة في جهود تنمية المجتمع المحلي، واللامبالاة والفردية والشللية وعدم التعاون، وغيرها من هذه المشاعر السلبية، التي تسترعي من الأخصائي الاجتماعي الانتباه لها وعدم إغفالها، ومحاولة التعاون مع الجهات المعنية والقيادات المهنية والشعبية ورجال الدين، وعلى جميع المستويات الأفقية والعمودية، من أجل بث روح التوعية بين سكان المجتمع، ومحاولة إعادة التماسك والتضامن والتعاون بين جميع الفئات.[1]

---

(1) رشاد أحمد عبد اللطيف: نماذج ومهارات طريقة تنظيم المجتمع في الخدمة الاجتماعية، المكتب الجامعي الحديث، جامعة حلوان، 1999، ص63.

رابعا: مهارة إزالة أو تخفيف المقاومة

تستخدم هذه المهارة في المواقف الآتية:

(1) إزالة أو تخفيف مقاومة الأخصائي الاجتماعي للإشراف:

تعد مقاومة الأخصائي الاجتماعي للإشراف من المشكلات الكبيرة التي تقف عقبة في سبيل تعليمه وتدريبه في مجال العمل مع الجماعات، وللتخلص من هذه المشكلة يجب التعرف على الأسباب التي يقاوم بسببها أخصائي الجماعة الإشراف ومنها:

1. شعور الأخصائي بأنه أقل مرتبة ومكانة من المشرف.

2. عدم إحساس الأخصائي بالحرية في التعبير عن أفكاره وآرائه. ويستمر هذا الشعور إلى أن يدرك الأخصائي الهدف من الإشراف.

3. عدم اقتناع الأخصائي بتوجيهات المشرف، وبأنه لا يستفيد ما يساعده على تأدية عمله كما يجب، ويستمر هذا الشعور إلى أن يدرك الأخصائي دور المشرف.

4. قد يقاوم الأخصائي عملية الإشراف لخوفه من أن يفقد اعتماده على نفسه، ويصبح شخصاً متكلاً على غيره وهو المشرف. [1]

(2) إزالة أو تخفيف مقاومة الأخصائي الاجتماعي لعملية التقويم:

يتم التقويم عن طريق الاجتماع بين الأخصائي ومن يشرف عليه وهو المشرف، فيكون الاجتماع مصدر قلق وتوتر وخوف عند الأخصائي، لأن نتاج هذا الاجتماع

---

(1) فهمي، محمد سيد: خدمة الجماعة بين النظرية والتطبيق: الممارسة والإشراف، المكتب الجامعي الحديث (2005)، ص352.

التقويمي هو محاسبة الأخصائي لأخطائه (في كونه تغيب عن المؤسسة والعمل، أو أنه يظهر مشاعر عدوانية تجاه المشرف... الخ).

أما إذا كان الأخصائي يقاوم التقويم، فكيف يمكن أن نقضي على هذه الصعوبة؟[1] يمكن القضاء على هذا النوع من المقارمة على النحو التالي:

1. نجعله يتقبل عملية التقويم ويعتبرها خبرة تربوية تعليمية، عليه أن يمر بها لاستكمال نموه المهني، عليه أن يدرك أنه إذا قوم اليوم فإنه في المستقبل يقوم غيره.

2. تجنب تدخل العامل الذاتي أو الشخصي في عملية التقويم، فالأخصائي يمكن أن يخطيء أو أن يصيب، فقد يتدخل العامل الذاتي من الميول والمشاعر والأحاسيس والحالة المزاجية، حيث يتحول التقويم من موضوعي إلى تحيزي.

(3) إزالة أو تخفيف مقاومة الأخصائي الاجتماعي للمشرف:

على المشرف أن يساعد المبتدئين ممن يشرف عليهم على التسجيل السليم، ويكون ذلك بكتابة التقارير من حيث الشكل، ويعلمهم الإطار العام وأجزائه، ويترك لهم حرية الكتابة مهتماً بالمحتويات أكثر من أهتمامه بالشكل.[2]

(4) إزالة أو تخفيف مقاومة الجماعة:

ويكون ذلك من خلال:

1. زيادة الشعور القوي بالانتماء لدى الأعضاء نحو الجماعة والمجتمع.

(1) فهمي، محمد سيد: خدمة الجماعة بين النظرية والتطبيق الممارسة والإشراف، المكتب الجامعي الحديث (2005)، ص345.
(2) مصطفى، محمد محمود: خدمة الجماعة: النظرية والممارسة، مكتبة عين شمس (1997)، ص381.

2. أن يقوم بدور المشجع والمثير للجماعة كي تستمر الجماعة في عملها مهما كانت الصعوبات، ويقوم بدور المحفز للأعضاء، كي يأخذوا بزمام المبادرة ويتحملون المسئوليات.

3. التركيز على العلاقات بين أعضاء الجماعة وبين الأخصائي والأعضاء وبين الجماعة والبيئة، مع الاهتمام باستمرار الاتصالات بين الأخصائي وأعضاء الجماعة.

4. البرنامج وذلك من خلال مهارة الأخصائي في تكوين العلاقة المهنية وتحليل مواقف الجماعة، مشاركة الجماعة، واستغلال الإمكانيات وموارد المؤسسة. [1]

(5) إزالة أو تخفيف مقاومة الفرد أثناء المقابلة:

على الأخصائي الاجتماعي أن يترك للفرد حرية التعبير عن مشاعره وانفعالاته في بداية المقابلة، ليعرض مشكلته ويفسرها بأسلوبه وطريقته. وذلك بالتشجيع والاستثارة والتقبل والتعاطف.

كما أن عليه التمسك بالأسس الفنية والوقوف على الغرض من حضور العميل إلى المؤسسة واتجاه عملية المساعدة.و كذلك فهم الدوافع والأسباب التي تؤدي إلى مقاومة الفرد ويتعامل معها ليخفف من حدتها. وإعادة الثقة التي تؤدي إلى تقليل مقاومة صاحبها إلى أدنى حد ممكن. [2]

(2) إزالة أو تخفيف مقاومة الفرد لعملية المساعدة:

عندما يرتبط الفرد بعلاقة مهنية مع الأخصائي الاجتماعي فإن جانباً من ذاته يعمل بطريقة لا شعورية ضد التحسن. فالطفل الذي يعاني من الخوف المرضي من المدرسة قد لا يرغب في الإحساس بمشاعر الكراهية التي يحملها لأبويه أو مواجهتها أو

---

(1) عطية، السيد عبدالحميد: النظرية والممارسة في خدمة المجتمع، المكتب الجامعي الحديث، 2001، ص239.

(2) الصديقي، سلوى عثمان: الممارسة المهنية وطريقة خدمة الفرد، المكتب الجامعي الحديث، 2002، ص113.

مناقشتها. وعندما يترك أبويه يترددان على المدرسة لاستجلاء الأمور، فإن هذا التصرف من جانبه يعني أنه يتخلص منهما، ومن ثم فإن مجرد ملازمته للبيت يجنبه آلام الصراع، كما أنه يعمل على تجنب الأخصائي الاجتماعـــــــــــــي، إمــــا بالغيـــــــــــاب عــــــن المدرســـــــــــة أو الامتناع ومقاومة الكلام معه. وتنبعث المقاومة في مثل هذا الموقف عن الخوف من رغباته العدائية نحو الأبوين، والتي لا يرغب مناقشتها مع أي شخص، ولا مع نفسه بوجه خاص.

إن مقاومة المساعدة يمكن ملاحظتها دائماً وتظهر في أشكال مختلفة، ويعبر عنها كل فرد بأسلوبه الخاص. ولذلك ينبغي دراسة وفهم الأسباب التي تكمن وراء المقاومة ومناقشتها بين الأخصائي والفرد، منها تعمد تغيب التأخر عن حضور المقابلة أو التغيب كلية، أو قد يرفض مساعدة مادية، أو الحصول على خدمة من مؤسسة أخرى، أو قد يرفض الكلام، أو يمتنع عن مناقشة موضوعات معينة، أو قد يتعمد التركيز على جانب معين، وذلك خوفاً من مواجهة مشاعر أو دوافع أو وساوس حول خبرات معينة ليتجنب الواقع القائم فعلاً، أو قد يعيش في الماضي ليتجنب الحاضر أو العكس. [1]

(3) إزالة أو تخفيف مقاومة الفرد من خلال استجابات التحويل:

تعتبر استجابات التحويل، شكلاً من أشكال المقاومة. فقد يرى الفرد في الأخصائي الاجتماعي نمطاً شبيهاً لشخص ارتبط به في الماضي، ويحول إليه نفس هذه الاستجابات بدرجة أو بأخرى. فقد يرى فيه مثالاً، فيسرف في التعلق به، ويوجه إليه المدح والثناء، وقد يتجه الى الأخصائي الاجتماعي بالنكوص إلى الاتكالية والتصرفات الطفلية. أو قد يرى فيه شخصاً مكروهاً يوجه إليه التجريح أو اللوم. [2]

ويكمن الحل هنا في إدراك الأخصائي الاجتماعي للإجراء الذي يؤدي إلى حماية عمليات الفرد الدفاعية، وتخلصه من القلق، أو الرغبات غير الواقعية. فإذا كانت المقاومة

(1) محمد، محمود حسن: الممارسة المهنية وطريقة خدمة الفرد، ذات السلاسل، 1983، ص338-339.

(2) محمد، محمود حسن: الممارسة المهنية وطريقة خدمة الفرد، ذات السلاسل، 1983، ص338-339.

تعني كل ما يعوق خطوات العلاج والتقدم فأغلب استجابات التحويل تحقق هـذه الوظيفة، وتمنع نمـو العلاقة المهنية بطريقة ملائمة.

الفصل الثالث

مهـــارات مبدئيـــة

أولا: مهارة إقامة العلاقة المهنية

يعرف **بيستك** العلاقة المهنية "بأنها التفاعل الـدينامي للاتجاهـات والمشـاعر بـين الأخصائي الاجتماعي ووحدة العمل الذي يهدف منه إلى مساعدة الأفراد على تحقيق تكيف أفضل بين أنفسهم وبـين بيئاتهم".

ويرى **بيستك** أن التفاعل هو أساس العلاقة وجوهرها، وهـو يعبر عـن مشاعر متبادلة، وهو تفاعل دينامي نشط يتلاءم مع موقف الفرد ومشاعره وتفكيره والعلاقة في رأيـه هـي اجتماع مهني يضم شخصين في عملية متبادلة من أجل إيجاد مناخ ملائم يؤدي إلى تنمية شخصية الفرد، والوصول إلى أفضل حل ممكن لمشكلاته، وأنها أداة لعرض الواقع والتركيز عليه وعلى المشكلات الانفعالية، ومساعدة الفرد على تحقيق تكيف أفضل مع مشكلته الشخصية وعلاقاته بالبيئة الاجتماعية التي يخالطها. ويرى كذلك أن العلاقة بين الأخصائي الاجتماعي وصاحب الحالة تمثل وسطاً تستخدم فيه المعرفة بالخصائص الإنسانية والفردية، وهي المسار الذي تتدفق خلاله مهارات التدخل، أي الدراسة والتشخيص والعلاج.

وتعرف **بيرلمان** العلاقة المهنية بأنها اتجاه واعي يتضمن الاحترام، والعطف، والثبات والتعبير عـن اتجاهات تدل على الإحساس بمشاعر صاحب الحالة وتقديرها، مما يؤدي إلى تشجيع صاحب الحالة عـلى أن يبدأ في سرد متاعبه أكثر مما تفعله الكلمات، وتقول **بيرلمان** أن العلاقة موقف يضم شخصين جمعتهما بعض الاهتمامات المشتركة، حيث يجري التفاعل المتبادل بين مشاعر كل منهما، لمدة طويلة أو مؤقتة، وقد يعبر كل منهما عن مشاعر متماثلة، أو قد يعبران عن مشاعر مختلفة أو متعارضة ويستجيب كـل منهما للآخر، أو يعبر أحدهما عن مشاعر يستقبلها الطرف الآخر ويستجيب لها. وفي جميع الأحوال ينبغي أن يعايش الطرفان شحنة المشاعر ويندمجان فيها. سواء أدى هذا

التفاعل إلى التقارب أو التباعد، يكون الشخصان خـلال فـترة التفاعـل عـلى "اتصـال" أو "ارتبـاط" بعضهما ببعض.

كما تتضمن كل العلاقات الاجتماعية التي تهدف إلى النمو عمليـات التقبـل والتوقـع، والتـدعيم والتنمية أو الاستشارة، و تشير كذلك إلى السلطة كمظهر للعلاقة المهنية، ثم تحدد طبيعـة الاختلافات بـين العلاقة وغيرها من مظاهر العملية العلاجية.

وترى **هوليس** أن العلاقة المهنية هي أساس العلاج في خدمة الفرد بأكملها وتقوم بـين الأخصائي الاجتماعي وصاحب الحالة، وتعتبرها أسلوب اتصال بين شخصين يشـتركان في تفاعل موجه نحو العلاج. وأنها تتضمن مجموعات من الاتجاهات، ومجموعة الاستجابات وجدت في مجموعة من الأنماط السلوكية.

وتعرف العلاقة المهنية في المراجع العربية بأنها "حالـة مـن الارتبـاط العـاطفي والعقـلي الهـادف، تتفاعل فيها مشاعر وأفكار كل من صاحب الحالة والأخصائي الاجتماعي خلال عملية المساعدة.ويركـز هـذا التعريف على ثلاثة عناصر هي المشاعر، والأفكار، والتفاعل القائم بينهما.وإدراك هذه المشاعر والإحسـاس بها ومحاولة تفسيرها من الركائز الأساسية في تكوين العلاقة المهنية، ويحتاج صاحب الحالة إلى مـن يشـعر بمشاعره ويفهم دوافعه وأسباب استجاباته بالصورة التي يستجيب بها نحو جوانب مشكلته.

أما ارتباط العلاقة المهنية بالفعل والواقع فيعني اتجاهها نحو الهدف المرسوم للعلاج والأخصائي الاجتماعي بفضل ما لديه من معرفة وخبرة ومهارة يستطيع أن يغير من اتجاهات صاحب الحالة السلبية ويحولها إلى اتجاهات إيجابية. وتقوم العلاقة المهنية على توجيه التفاعل لتحقيق تـأثيرات معنيـة، وتـؤدي بالتالي إلى تحقيق الأهداف المطلوبة. وخلال التفاعل بين الأخصائي الاجتماعي وصاحب الحالة تتولد مشاعر جديدة وأفكار جديدة تنتهي إلى تحقيق التغيير المطلوب، سواء في مشاعر الفرد وتفكيره أو رؤيتـه لأبعـاد المشكلة وطريقة التعامل مع المواقف التي تضغط على حياته.

وتعرف **جريس كريل** – التي كان لها فضل بارز في صياغة المفاهيم المبكرة لخدمة الجماعة – العلاقة المهنية بأنها عملية متميزة تؤدي إلى توثيق الروابط بين أعضاء الجماعة بعضهم ببعض وتحدد شكل الجماعة وأسلوب أدائها. أما **جزيل كونوبكا** التي تعد من واضعي نظرية خدمة الجماعة فقد وصفتها بأنها الوسيط الأساسي للمساعدة التي يقدمها أخصائي الجماعة، تهدف إلى غرض معين وهو تحقيق النمو والتغير للشخص والجماعة والمجتمع، تقوم على المودة، والإدراك والتفسير.

أما **هيلين** فتوصف العلاقة المهنية بأنها تشمل بصفة أساسية استجابات انفعالية مختلفة تنتقل من شخص إلى آخر خلال ما يثيره السلوك الإنساني من استجابات متباينة. ويقوم الأخصائي الاجتماعي أثناء عمله مع مواقف الجماعة بتنمية علاقة فردية مع كل عضو من أعضاء الجماعة في ضوء معرفته بخصائص الفرد.

فالعلاقة المهنية وسيلة لتحقيق غرض، وليست غرضاً في حد ذاته والغرض الذي تسعى إليه يحدث في العلاقات الشخصية. ويقوم الأخصائي الاجتماعي في العلاقات المهنية بدور المساعد، وتأتي إشباعاته نتيجة رضائه عن الجهود التي يقوم بها لمصلحة عملائه.

ويتطلع الأخصائي الاجتماعي إلى اليوم الذي يصبح فيه الفرد قادراً على تصريف شئونه الخاصة ومستقلاً بنفسه وفي إمكانه التخلي عن خدمات الأخصائي الاجتماعي وخدمات المؤسسة، ومن ثم فإن العلاقة المهنية ترتبط باستكمال الخدمة، وتنتهي بتحقيق الغرض والوصول بعملية المساعدة إلى غايتها. فهي علاقة مطلوبة لمثل هذا الموقف المحدد فقط. فهي إذن علاقة تخضع للضوابط العلمية والمهنية إلى جانب ارتباطها بالغرض المحدد أو حاجات الفرد ومشكلته. ولا ينبغي إساءة استخدامها أو تحويلها إلى مستوى المجاملات الاجتماعية والعلاقات الشخصية.

لذلك فإن الأخصائي الاجتماعي يراعي الأمور التالية:

1- الاهتمام بمصلحة الآخرين:

إن ما تعرض له الفرد من صعوبات أو مشكلات تصبح موضع الرعاية الصادقة للأخصائي الاجتماعي وقادر على نقل هذه المشاعر إلى الفرد، ويتضمن الاهتمام بمصلحة الأفراد في العلاقة المهنية الإحساس بالمسئولية نحوهم ورعاية شئونهم، واحترامهم، ومعرفة خصائصهم والرغبة في تدعيم حياتهم وخبراتهم. فالاهتمام الفعلي بمصلحة صاحب الحالة خلال العلاقة المهنية يعني أن يضع الأخصائي مهاراته وعلمه ومعارفه، ليستثمرها صاحب الحالة في حركته نحو تحقيق المطلوب أي أنه يستجيب حسب حاجة صاحب الحالية إليه وليس حسب حاجته لإشباع مطالبه. (أحمد مصطفى خاطر، 1998، 125)

2- التعهد والالتزام:

يعتبر المفهومان من المسئوليات التي تنشأ عن هذا التفاعل وتحتم العلاقة المهنية أن تربط كل من صاحب الحالة والأخصائي الاجتماعي بعهود والتزامات متبادلة حتى يمكن أن تحقق العلاقة أغراضها، وبمجرد الارتباط بالتعهد على تحمل المسئوليات التي تنشأ عن العلاقة والاتفاق على القيود التي يفرضها الوقت والمكان والغرض يستطيع كل طرف من أطراف العلاقة أن يتنبأ بسلوك واتجاهات وتفاعل الطرف الآخر. (عبد الفتاح عثمان، 2002، ص165)

3- التقبل والتوقع:

ويعني التقبل لدى الأخصائي الاجتماعي بذل الجهود الإيجابية لفهم صاحب الحالة بسلوكه بدلاً من مجرد الامتناع عن إصدار الأحكام على سلوكه. وربما يكون العنصر الأساسي في التقبل هو العلم والمعرفة بالفرد والإيمان بقدرته على اتخاذ قراراته والثقة والتوقع. (جلال عبد الخالق، 1996، ص166-168)

4- التجاوب أو تقدير المشاعر:

وتعني هذه العملية القدرة على استبطان مشاعر ومعاناة الشخص الآخر وكذلك إدراك ما يشعر به الشخص الآخر وما يعانيه دون أن يفقد الأخصائي الاجتماعي ذاته في هذه العملية. ويبذل الأخصائي الاجتماعي جهداً إيجابياً في هذه العملية ليتمثل الإطار الإدراكي للطرف الآخر، دون أن يفقد إدراكه الحسي-الذاتي، ويستخدم هذا الإدراك في الفهم والتفسير.

5- السلطة والقوة:

تعرف السلطة بأنها صلاحيات يفوضها صاحب الحالة والمؤسسة إلى الأخصائي الاجتماعي بحيث يمتلك بمقتضاها قوة التأثير أو الإقناع، ويستمد هذه القوة بفضل ما لديه من معرفة معينة وخبرة ومن مركزه بالمؤسسة، ومن ثم فهناك مظهرين للسلطة في العلاقة المهنية المساعدة (العلاجية)، هما:المظهر الخاص بالمؤسسة وبرامجها،والمظهر السيكولوجي للسلطة. بمعنى أن أصحاب الحالات يسلمون بما للأخصائيين الاجتماعيين من قوة التأثير أو الإقناع، ويسلمون بموقعهم كمصدر للمعلومات والنصيحة، باعتبارهم أشخاص متخصصين في مجال عملهم. (جلال عبد الخالق، 1996، ص169-172)

ومما يساعد الأخصائي الاجتماعي على تنمية العلاقة المهنية ما يلي:

1- توثيق روابط العلاقة المهنية بطريقة تشبع حاجات الفرد بعيداً عن التفريد في المعاملة، حيث أن كل الأفراد في حاجة إلى مساعدة بقدر ما وبطريقة ما.

2- تشجيع الفرد على أن يعبر عن نفسه وعن مشكلته وعن حاجاته. ويجب أن يضع الأخصائي الاجتماعي في اعتبار أن الأشخاص عموما قد يظهرون أنفسهم في اللقاءات الأولى، بأحسن ما يكون أو أسوأ ما يكون، سعيا وراء اختبار قوة وحدود ومعايير ومدى يقظة وكفاءة الشخص الآخر، ومن هنا يمكن اكتشاف نقاط التجاذب المتبادل المشتركة بينهما. (إليزابيث نيكولدز، ص255)

3- تشجيع الفرد على التعبير عن مشاعره وتوقعاته، وخاصة المشاعر السلبية منها، بالتركيز على مشاعره نحو موقفه الحالي من خلال البدء معه من حيث هو و الإصغاء الكامل له في أناة.

4- تقديم المساعدة للفرد في الموضوعات التي تتعلق بمشاعر اللوم والمسئولية والخجل والذنب المرتبطة بالمشكلة، وقد تظهر هذه المشاعر في صورة أعراض متلازمة من عدم الشعور بالذنب واليأس وأنه إنسان بدون حيلة، وقد تكون هذه الأعراض والمظاهر تعبيراً عن عمل الخطأ، أو قد تكون دعوة أو نداء لاحتوائه، باعتباره عضواً في المجتمع. (إليزابيث نيوكولدز، 257)

5- التوصل إلى الأهداف ذات الاهتمام المشترك كنقطة انطلاق لعمل جماعي خلاق كلها أساليب، تيسر انطلاقة الأخصائي الاجتماعي وقدرته على تحقيق عملية المساعدة.

6- توضيح الأخصائي الاجتماعي لدوره ودور الفرد، لكي يرسخ في ذهنهما معا توقعات حقيقية، تحقيقا لتكامل الأدوار وتكاملها بينهما، وهنا يجب تجاوز أوجه الاختلاف بينهما والبحث عن أرضية مشتركة من التفهم المتبادل والجهود المشتركة.

7- إحساس الفرد أن هناك مساعدة قدمت له منذ اللحظة الأولى، وذلك من خلال إنجاز بعض الأعمال والمهام الإيجابية أو المجزية، مثل عدم حجب المساعدة عنه أو حرمانه منها وقبول طلبه أو أخذ موافقة أحد الوالدين مثلا في عملية المساعدة.(جلال عبد الخالق، 1996، ص195-162)

إن للعلاقة المهنية مكانة متميزة في طريقة تنظيم المجتمع بطرقها الفرعية سواء كتنسيق، أو تخطيط، أو تنمية محلية، أو دفاع، وكذلك إذا كان العمل بين المؤسسات، أو داخل المؤسسة ذاتها. فليس من المتصور أن يقدم الأخصائي الاجتماعي خدماته دون وجود علاقة مهنية مع أفراد المجتمع الذي يعمل معه، سواء كانوا قياديين شعبيين، أو

رسميين أو متطوعين، أو موظفين أو مستهدفين بالتنمية والعمل، بل إن تعدد أدوات الأخصائي الاجتماعي كخبير، وممكن، ومساعد، ومستشار، ومستثير، ومخطط، ومنفذ ومنسق، ومسهل، ومدافع... الخ. وغيرها من الأدوات تولد والثقة المتبادلة والحرية المتبادلة بين الأخصائي الاجتماعي والوحدات التي يتعامل معها.

وإذا كان الأخصائي في تنظيم المجتمع يعمل مثل المواطن المشارك، ويكون دوره رئيسي ـ في عمليات تنظيم المجتمع، يتطلب منه ذلك مجموعة مهارات تميزه عن غيره من المهنيين الآخرين والمواطنين، وهذه المهارات تتعلق أساساً بطريقته في الاتصال بالمجتمع وتكوين العلاقة المهنية معهم.[1]

(1) أنظر

1- أحمد مصطفى خاطر: الخدمة الاجتماعية (نظرة تاريخية – مناهج الممارسة – المجالات) المكتب الجامعي الحديث، الإسكندرية، 1998.

2- إليزابيث نيكولدز (ترجمة أحمد حمودة): أسس الخدمة الاجتماعية، دار المعرفة، القاهرة، بدون تاريخ.

3- جلال عبد الخالق: العمل مع الحالات الفردية (أسس ومبادئ)، المكتب الجامعي الحديث، الإسكندرية، 1996.

4- عبد الفتاح عثمان: المنهج المعاصر في خدمة الفرد، مكتبة عين شمس، القاهرة، 2002.

ثانيا: مهارة المحافظة على السرية والخصوصية

تمثل السرية بالنسبة للخدمة الاجتماعية مبدأ مهنيا ومهارة أساسية، وإن كانت الوحدات قد تختلف فيما بينها في جانب تطبيق هذه المهارة، وتعتبر من القيم الأساسية للمهنة حيث أن عمل الأخصائي الاجتماعي في معظم الأحيان يتصل بحياة الناس وبكثير من دقائق حياتهم الخاصة، فيجب على الأخصائي الاجتماعي احترام هذا المبدأ والتقيد به في جميع خطواته المهنية ، حتى تكون هناك ثقة بين صاحب الحالة والأخصائي الاجتماعي، ويعبر عما بداخله بحرية دون خوف وتردد.

للسرية مكانة هامة وأساسية في العمل مع الأفراد والفلسفة التي تقوم عليها تتعلق باحترام عاطفة ومشاعر الفرد وذاته، حيث أن لكل فرد أسراره خاصة به لا يجب أن يطلع عليها الآخرون، والإنسان أو الفرد بطبيعته، ليس مستعداً أن يفصح عنها مقابل خدمات يحصل عليها.

وفي العمل مع الأفراد إذا كان صاحب الحالة قد وثق بالأخصائي الاجتماعي وأطلعه بكل أسراره وأموره الخاصة، فإن هناك قاعدة عامة للمحافظة عليها، ويعني ذلك في حالة طلب معلومات خاصة بالحالة للمؤسسة أخرى، يجب أن يكون ذلك بموافقة صاحبها، من خلال إجراءات تنظيمية وفنية تحقق السرية.

وترتبط السرية بعمليات الدراسة الاجتماعية النفسية، والتي يحصل من خلالها الأخصائي الاجتماعي على المعلومات المطلوبة لعملية المساعدة.

أما السرية في خدمة الجماعة فإنها تتعلق بالأخصائي الاجتماعي عندما يتعامل مع أعضاء الجماعة كحالات فردية، أي كحالات تواجه بعض المشكلات أو الصعوبات داخل الجماعة، ويكشفها أخصائي خدمة الجماعة، ويتعامل معها بسرية تامة لعلاجها، وهذا يتعلق بمهارة الأخصائي الاجتماعي بالتفرقة بين المواقف التي تتطلب السرية،

كالأمور التي تتعلق بالجوانب الشخصية، وتلك التي تتعلق بالعمل الجماعي، التي يعتبر من حق أعضاء الجماعة التعرف عليها.

أما السرية في تنظيم المجتمع، فتتم من خلال التعامل مع القادة الرسميين أو الشعبيين أو أعضاء اللجان أو المتطوعين والمستفيدين والعاملين، وقد يتطرق العمل معهم في أمور تتعلق بالجوانب الشخصية في حياة هؤلاء، فإن السرية يقصد بها في تنظم المجتمع مهارة تفيد الأخصائي الاجتماعي في كسب ثقة الأفراد ومراكز التأثير داخل المجتمع.وعندما يطبق مهارة الشورى على مستوى الفردى أو للقيادات فقد يتطلب منه تطبيق مهارة أو مبدأ السرية كقيمة مهنية أساسية في العمل الاجتماعي.

إن المؤسسة التي يعمل الأخصائي الاجتماعي في إطارها، لها دور في تحقيق السرية أو مبدأ سرية المعلومات وصيانتها، من خلال توفير أماكن خاصة ومقفلة لحفظ السجلات والملفات، وتوفير أماكن خاصة لعقد المقابلات مع المستفيدين، إذ عندما يدخلها المستفيد يكون مطمئناً بأنه يستطيع التكلم بكل حرية ودون خوف، وأن الإداريين متفهمين لطبيعة العمل، ومتمسكين بمبدأ السرية والمحافظة على الخصوصية.

وهناك عدد من المهارات يطبقها الأخصائي الاجتماعي لتحقيق السرية وهي:

1- اعتبار صاحب الحالة هو المصدر الأساسي للمعلومات.

2- الحصول على موافقة صاحب الحالة في حالة الاتصال بمصادر أخرى.

3- أخذ المعلومات الضرورية بموضوع المشكلة.

4- عدم التحدث مع صاحب الحالة عن أسرار أصحاب الحالات الآخرين.

5- عدم التحدث مع الآخرين بأسرار صاحب الحالة.

6- تسجيل الحالات في مكان آمن بالمؤسسة.

7-	تنظيم ملفات الحالات بشكل يحفظ السرية.

8-	طمس معالم الحالات حين تدريب الطلاب عليها.

9-	إتباع السرية في الزيارات المنزلية.

وهناك استثناءات في تطبيق السرية لفئات غير كاملة الأهلية مثل:الآباء المهملين بأسرهم، المرضى بـأمراض معدية، المنحرفين، المدمنين، مما يستلزم مهارة من الأخصائي لتحديد متى يفشي السرية ومتى يحتفظ بها، ليوازن بين صالح الفرد والجماعة والمجتمع. [1]

(1) أنظر

-	عبد الخالق، جلال: العمل مع الحالات الفردية (خدمة الفرد)، المكتب العلمي للكمبيوتر والنشر والتوزيع، 1996.

-	الصديقي، سلوى عثمان: الممارسة المهنية لطريقة خدمة الفرد، المكتب الجامعي الحديث، 2002.

ثالثا: مهارة استثارة القدرات

يعرف **الدافع** بأنه مثير داخلي يحرك سلوك الفرد ويوجهه للوصول إلى هدف معين، ويعرّف المثير على أنه: القوة التي تدفع الفرد لأن يقوم بسلوك من أجل إشباع وتحقيق حاجة أو هدف. ويعتبر الدافع شكلا من أشكال الاستثارة الملحة التي تخلق نوعا من النشاط أو الفعالية. [1] كما أن الدافعية تلعب الدور الأهم في مثابرة الإنسان على إنجاز عمل ما، وربما كانت المثابرة من أفضل المقاييس المستخدمة في تقدير مستوى الدافعية عند هذا الإنسان.

إن الاستثارة بهذا المعنى تحقق أربع وظائف رئيسية، هي:

1- تستثير السلوك، فالدافعية هي التي تحث الإنسان على القيام بسلوك معين، مع أنها قد لا تكون السبب في حدوث ذلك السلوك. وقد بين علماء النفس أن أفضل مستوى من الدافعية (الاستثارة) لتحقيق نتائج إيجابية هو المستوى المتوسط. ويحدث ذلك لأن المستوى المنخفض من الاستثارة يؤدي في العادة إلى الملل وعدم الاهتمام، كما أن المستوى المرتفع عن الحد المعقول يؤدي إلى ارتفاع القلق والتوتر، فهما عاملان سلبيان في السلوك الإنساني.

2- تؤثر في نوعية التوقعات التي حملها الناس تبعاً لأفعالهم ونشاطاتهم، وبالتالي فإنها تؤثر في مستويات الطموح التي يتميز بها كل واحد منهم، والتوقعات بالطبع على علاقة وثيقة بخبرات النجاح والفشل، التي كان الإنسان قد تعرض لها.

(1) Petri, H; and Govern, J (2004). Motivation: Theory, Research and Applications. Thomson - Wadsworth, Australia.

3- تؤثر في توجيه سلوكنا نحو المعلومات المهمة التي يتوجب علينا الاهتمام بها ومعالجتها، وتدلنا على الطريقة المناسبة لفعل ذلك.

4- تؤدي إلى حصول الإنسان على أداء جيد عندما يكون مدفوعاً نحوه.

من أساليب الاستثارة عند الطلاب بالتعاون بين الأخصائي الاجتماعي المدرسي والمعلم:

- إعطاء الحوافز المادية مثل الدرجات أو قطعة حلوى أو قلماً أو وساماً من القماش، والمعنوية مثل المدح أو الثناء أو الوضع على لوحة الشرف أو تكليفه بإلقاء كلمة صباحية، وبالطبع تعتمد نوعية الحوافز على عمر المتعلم ومستواه العقلي والبيئة الاجتماعية والاقتصادية له.

- توظيف منجزات العلم التكنولوجية في إثارة فضول وتشويق المتعلم، كمساعدته على التعلم من خلال اللعب المنظم، أو التعامل مع أجهزة الكمبيوتر، فهي أساليب تساهم كثيراً في زيادة الدافعية للتعلم ومواصلته لأقصى ما تسمح به قدرات المتعلم.

- التأكيد على أهمية الموضوع بالنسبة للمجال الدراسي: كأن نقول درسنا اليوم عن عملية الجمع، وهي عملية مهمة في حياتكم فكيف تعرف عدد أقلامك، وكتبك وإخوتك وأصدقائك، والزهور التي في الحديقة إلا إذا فهمتها.

- عرض قصص هادفة: تبين ما سيترتب على إهمال الدراسة والركون إلى الجهل.

- تذكير الطلبة دائماً بأن طلب العلم فرض على كل انسان..

- تقرب الأخصائي الاجتماعي للطلبة وتحبيبهم في العلم.

- أن يتصرف المعلم كنموذج للطلبة في الإقبال على المطالعة الخارجية والجلوس معهم في المكتبة.
  (1)

- توظيف أساليب العرض العملي المشوقة والمثيرة للانتباه، ومشاركة الطلبة خلال تنفيذها وتشجيعهم على حل ما يطرأ من مشكلات داخل الفصل.

- استخدام أساليب التهدئة الحافزة عند بدء الحصة، أو عند تقديم الخبرة، مثل قصص المخترعين، والأسئلة التي تدفع إلى العصف الذهني. (2)

إن الأفراد الذين يوجد لديهم استثارة مرتفعة يعملون بجدية أكبر من غيرهم، ويحققون نجاحات أكثر في حياتهم، وفي مواقف متعددة من الحياة، وعند مقارنة هؤلاء الأفراد بمن هم في مستواهم من القدرة العقلية، ولكنهم يتمتعون باستثارة منخفضة وجد أن المجموعة الأولى تسجل علامات أفضل، ويحصلون على علامات مدرسية وجامعية أفضل، كما أنهم يحققون تقدماً أكثر وضوحاً في المجتمع. والمرتفعون في دافع التحصيل واقعيون في انتهاز الفرص، بعكس المنخفضين في دافع التحصيل، الذين إما أن يقبلوا بواقع بسيط، أو أن يطمحوا بواقع أكبر كثير من قدرتهم على تحقيقه. (3)

إن ذوي الدافعية المرتفعة يكونون أكثر نجاحاً في المدرسة، ويحصلون على ترقيات في وظائفهم وعلى نجاحات في إدارة أعمالهم، أكثر من ذوي الدافعية المنخفضة. كذلك فإن ذوي الدافعية العالية يميلون إلى اختيار مهام متوَسطة الصعوبة وفيها تحدٍ، ويتجنبون المهام السهلة جداً، لعدم توفر عنصر ـ التحدي فيها. ومن الخصائص الأخرى أن لديهم رغبة قوية في الحصول على تغذية راجعة حول أدائهم، وبناء على ذلك فإنهم يفضلون

(1) علاونة، شفيق (2004). الدافعية. (محرر)، علم النفس العام، تحرير محمد الريماوي، دار المسيرة للنشر والتوزيع، عمّان.

(2) http://www.almualem.net/maga/dafia.html

(3) Santrock, J. (2003). Psycholoty, McGraw Hill, Boston

المهام والوظائف التي تبنى فيها المكافآت على الإنجاز الفردي، ولا يرغبون في العمل الذي تتساوى فيها رواتب الموظفين.[1]

دور الأخصائي الاجتماعي والمعلم في زيادة الدافعية الى التحصيل عند الطلبة:

1- التغذية الراجعة:

إن توفير التغذية الراجعة لأسباب فشل الطلبة ونجاحهم يزيد من توقعات التحصيل لديهم، ففي حالة الطالب الذي يجد صعوبة في إتقان مسائل الضرب الطويلة، يمكن للأخصائي الاجتماعي أو المعلم أن يستخدم النجاحات السابقة التي حققها الطالب، وذلك لبناء الثقة في تعلم المهمات والمهارات الجديدة. وهنا يقول الأخصائي الاجتماعي للطالب: "أعرف أن هذا النوع الجديد من المسائل يبدو صعباً، لكن عليك أن تتعلم كيفية العمل بها، لأنك تعرف جميع الأمور التي تحتاجها للمعرفة، لذا ما عليك سوى العمل بجد، والانتباه التام للمعلم، وسوف تكون النتيجة جيدة".

وعندما ينخرط الطالب في العمل، يمكن للمدرس أن يلقي على مسامعه تعليقات شبيهة بما يلي: "أنت تعمل بشكل جيد، لقد انتهيت من الخطوة الأولى، كن واثقاً من أنك تعرف عمليات الضرب... عليك الاستمرار بالعمل الجاد، لقد جمعت الأرقام بسرعة كبيرة!! لقد عرفت أنك تستطيع القيام بذلك من خلال ما بذلته من جهد جاد.. لقد استطعت القيام بذلك، لقد أصبت الهدف لأنك عملت بجد.[2]

(1) علاونة، شفيق (2004). الدافعية، (محرر)، علم النفس العام، تحرير محمد الريماوي، دار المسيرة للنشر والتوزيع، عمّان.

(2) Tomlinson, T. (1993). Motivating students to learn, Berkley Mrcutrhan Publishing co

2- تمكين الطلبة من صياغة أهدافهم وتحقيقها:

يستطيع الأخصائي الاجتماعي زيادة دافعية الطلبة (بصورة جماعية أو فردية) للإنجاز، من خلال تمكينهم من صياغة أهدافهم، بإتباع العديد من النشاطات، كتدريب الطلاب على تحديد أهدافهم التعليمية وصوغها بلغتهم الخاصة، ومناقشتها معهم، ومساعدتهم على اختيار الأهداف التي يقرون بقدرتهم على إنجازها، بما يتناسب مع استعداداتهم وجهودهم، وبالتالي يساعدهم على تحديد الاستراتيجيات المناسبة التي يجب إتباعها أثناء محاولة تحقيقها. [1]

3- استثارة حاجات الطلبة للإنجاز والنجاح:

إن حاجات الفرد للإنجاز متوافرة لدى جميع الأفراد ولكن بمستويات متباينة، وقد لا يبلغ مستوى هذه الحاجات عند بعض الطلبة لسبب أو لآخر حداً يمكنهم من صياغة أهدافهم وبذل الجهود اللازمة لتحقيقها. لذلك يترتب على المعلم والأخصائي الاجتماعي توجيه انتباه خاص لهؤلاء الطلاب، وخاصة عندما يظهرون سلوكاً يدل على عدم رغبتهم في أداء أعمالهم المدرسية.

من أساليب الاستثارة في خدمة الفرد:

التعزيز: (استثارة قدرات مستخدمة)

وهو إثابة الطالب على سلوكه السوي، بكلمة طيبة أو ابتسامة عند المقابلة أو الثناء عليه أمام زملائه أو منحه هدية مناسبة، أو الدعاء له بالتوفيق والفلاح، أو إشراكه في رحلة مدرسية مجانا أو الاهتمام بأحواله.. الخ، مما يعزز هذا السلوك ويدعمه ويثبته، ويدفعه إلى تكرار نفس السلوك إذا تكرر الموقف. كما يمكن استخدام هذا الأسلوب في علاج حالات كثيرة، مثل النشاط الحركي الزائد، الخمول، فقدان الصوت، الانطواء، العدوان....

---

(1) الترتوري، محمد عوض: دافعية الإنجاز والتحصيل الدراسي، عمان، الأردن، 6-2006.

التشكيل: (استثارة قدرات معطلة أو غير مدركة)

يعرف التشكيل بأنه الإجراء الذي يشتمل على التعزيز الإيجابي المنظم، للاستجابات التـي تقتـرب شيئاً فشيئاً من السلوك النهائي، بهدف إحداث سلوك لا يوجد حالياً، فتعزيـز الشـخص عنـد تأديتـه سـلوكاً معيناً، لا يعمل على زيادة احتمالية حدوث ذلك السلوك فقط ، ولكنه يقوي السلوكيات المماثلة له أيضا.

والتشكيل لا يعني خلق سلوكيات جديدة من لا شيء، فعلى الـرغم مـن أن السـلوك المسـتهدف نفسه لا يكون موجوداً لدى الفرد كاملاً، إلا أنه غالباً مـا لا يوجد لـه سـلوكيات قريبـة منـه، ولهـذا يقـوم الأخصائي الاجتماعي أو المعالج بتعزيز السلوكيات بهدف ترسيخها ، وبعد ذلك يلجأ إلى التعزيـز التفاضـلي، والذي يشتمل على تعزيز الاستجابة فقط، كلما أخذت تقترب أكثر فأكثر من السلوك المستهدف.

عند استخدام هذا الإجراء يقوم الأخصائي الاجتماعي في البداية بتحديد السلوك النهائي الذي يراد تعلمه، وبعد ذلك يختار استجابة تشبه السلوك النهائي إلى حد مـا، ويبدأ بتعزيـز تلـك الاسـتجابة بشـكل منظم، ويستمر بذلك إلى أن تصبح الاستجابة قريبة أكثر فأكثر من السلوك النهائي.ومفتاح النجاح في عمليـة التشكيل يتمثل في كون التعزيز متوقفاً عـلى تغيير السـلوك عـلى نحـو تـدريجي، باتجـاه السـلوك النهـائي وتجاهله (عدم تعزيزه) عندما ينحرف عن السلوك النهائي.

ويمكن استخدام هذا الإجراء مع مختلف الفئات العمرية في تعليمها سلوكيات مختلفـة كتأديـة المهارات الحياتية والعناية بالذات، تنمية المهارات الاجتماعية والمهنية والحركيـة، مهـارات الاتصـال، سـلوك التعاون الاجتماعي، الحضور إلى غرفة الصف، إكمال الواجبات المدرسية، إبقـاء الطفل في مقعده، القراءة والكتابة والتحدث، تدريب الأطفال الصم على إخراج الحروف، وفي حالات اضطرابات النطق. [1]

---

(1)www.4uarab.com/vb/showthread.php?t=49227-96k

من أساليب الاستثارة في خدمة المجتمع:

جماعة الموهوبين والمتفوقين:

برنامج الإثراء التعليمي: (استثارة لقدرات مستخدمة ومعطلة)

يشير هذا البرنامج إلى إدخال ترتيبات إضافية وخبرات تعليمية يتم تصميمها بهدف جعل التعليم ذا معنى أكثر، كما يكون مشوقاً بدرجة أكبر، وعندما لا تتوفر الفرص أمام الطفل المتفوق للاستفادة من برامج إسراع العملية التعليمية، فإنه يستطيع أن يستفيد بشكل جيد من هذا البرنامج، وهو يهدف إلى استثارة النمو العقلي عند الأطفال المتفوقين وتنمية مهاراتهم العقلية إلى أقصى ـ حد ممكن، بإشراف أخصائي اجتماعي.

وتتضمن هذه الطريقة التطبيقات التالية:

1- إعطاء الأطفال المتفوقين الواجبات الإضافية، وإشراكهم في الأنشطة المختلفة.

2- العمل على تجميع التلاميذ المتفوقين في مجموعة واحدة، وما يترتب عليه من خلق جو المنافسة.

3- تقديم برامج تعليمية إضافية للأطفال المتفوقين في المدارس الابتدائية (التأسيسية).

4- القيام بالعملية الإرشادية للطفل المتفوق فيما يتعلق بالأنشطة المختلفة خارج الفصل.

5- عقد اجتماعات مع الأطفال المتفوقين وحلقات بحث لمناقشة بعض القضايا التي تهمهم.

6- أن يعمد الأخصائي والمعلمون إلى وضع امتحانات عالية المستوى للأطفال المتفوقين، ومساعدة هؤلاء الأطفال على تحقيق الروح الاستقلالية.

برنامج مجموعات القدرات: (استثارة قدرات غير مدركة)

وهذا النظام ينطلق من فرضية مؤداها أن تجميع الأطفال المتفوقين في مجموعات متجانسة، يفسح المجال لتقديم عناية أفضل، وذلك نتيجة تقارب قدراتهم وحاجاتهم الأساسية وتجانسها، ومن الأساليب الشائعة في هذا النظام، أن يقوم الأخصائي الاجتماعي بالإضافة إلى الكادر التعليمي باستثارة المتفوقين عن طريق:

1- خلق مناخ تربوي، يمكن المتفوقين من استخدام جوانب القوة لديهم، ويستكشفوا من خلاله خصائصهم الإنمائية، ويغامرون في التفاعل مع الواقع والأفكار الجديدة، ويشعرون بروح المنافسة.

2- تدريس المتفوقين المهارات العالية من التفكير والتكامل بين الجسم والعقل وتحقيق الذات والحدس وتقييم الذات.

3- تغذية القدرات الابتكارية لدى المتفوقين، وكيفية التعبير عن قدرات التفوق، من خلال الأعمال التي يقومون بها.

4- تشجيع الوعي الاجتماعي لدى الطلبة المتفوقين، واحترام الإنسان والبيئة وتقدير الآخرين.[1]

من أساليب الاستثارة في تنظيم وتنمية المجتمع (على مستوى الجماعات والمجتمعات):

هناك الكثير من أساليب الاستثارة ومنها التشجيع، التحريض، تكوين اللوبي، الاستفزاز، وغيرها الكثير، وسنتعرض هنا لبعض الأساليب:

المشاركة:

لقد تجاوز الدور التقليدي لنقل الرسائل وإقناع الناس، فدور الباحثين في إدارة الموارد الطبيعية أو العاملين بالتنمية ليس نقل ونشر الرسائل، ولكن تيسير المشاركة في التنمية المحلية.

(1) http://www.neareast.org/main/lrc/translation/pdc/pdc.doc

ولتيسير هذه المشاركة وتشجيع الأفراد على تحمل مسئولية التنمية الخاصة بهم، يجب على المنظم الاجتماعي أن يقوم بالعديد من الوظائف المختلفة: (**استثارة قدرات مستخدمة ومعطلة**)

- تيسير الحوار وتبادل الأفكار بين الجماعات المختلفة والأفراد، ويفترض لذلك التفهم الجيد والمسبق للأوضاع المحلية.

- تشجيع التفكير في مشكلات التنمية المحلية والحلول الممكنة، وهذا يفترض التفهم الشامل والمسبق للموضوع، أو تجنيد الأفراد الذين لديهم مثل هذا التفهم.

- دعم جهود بناء الوعي والتحفيز والتعليم وتنفيذ خطط التنمية، بواسطة استخدام استراتيجيات الاتصال الملائمة لكل جماعة من المشاركين.

- ضمان التداول الفعال للمعلومات بين المشاركين المختلفين، من خلال استخدام إجراءات وقنوات الاتصال الملائمة للجماعات المشاركة.

- دعم صنع القرار، من خلال تيسير الإجماع فيما بين الفئات المختلفة من الفاعلين.

- تطوير التعاون المحلي والشراكة، من خلال تأسيس التحالفات مع الشخصيات المرجعية والوكالات، والقيام بدور المتابع بين الجماعات وشركاؤهم.

- متابعة تطوير المبادرة، من خلال التأكد من أن الأفعال التي تم اتخاذها تخضع للمتابعة والتقييم.

- التأكد من أن المسئولين أو الوكالات المرجعية في وضع يعمل على مساعدة فعاليات التنمية، وعلى وعي بوجهات النظر والاحتياجات المحلية.

إن تنفيذ مثل هذه العملية يتطلب مهارات عديدة كما يجب أن تشمل القدرة على العمل على مستويات مختلفة.

إدارة المناقشات: (استثارة قدرات غير مدركة)

بالإضافة إلى أن الأخصائي الاجتماعي يقوم بدور ميسر للاتصال، فإنه أيضاً يعتبر "وسيطاً"، حيث يجب عليه أن يصغي لوجهات النظر المختلفة، التي يتم التعبير عنها ويخلق الفرص لتبادلها ويشجع المشاركين على ذكر وجهات نظرهم، وأن يكون حكيماً في استغلال الوقت المتاح، مع الاحتفاظ بالمناقشة في مسارها.

وينبغي أن تؤدي المناقشات وتبادل وجهات النظر، إلى قرارات حول كيفية تنفيذ الحل الذي تم اختياره، لذلك يجب أن يكون قادراً على أن يلخص المناظرة، ويقوم بالتعريف بعملية اتخاذ القرار وتيسير الإجماع، وهذا ليس سهلاً في كل الأحيان، فقد يكون من الضروري أحياناً، كشف محاولات أحد الأفراد أو الجماعات ذات المصلحة بالتأثير على القرار، وحيث أن مثل هذه الموهبة لا يملكها كل الناس بالتساوي، فمن الأفضل البحث عن وسيط داخل المجتمع المحلي، لكي ينضم إلى فريق البحث.

تشجيع وتنظيم مشاركة المرأة: (استثارة قدرات معطلة)

من المهم تشجيع السيدات لكي يقمن بالعمل كميسرات للاتصال: ومساعدتهن لتوجيه جهودهن لإحداث التغيير، و تستطيع السيدات غالبا الاقتراب من السيدات الأخريات، وتشجيعهن على التحدث عن آرائهن، ومساعدتهن في عملية التغيير الفردي أو الاجتماعي.

استثارة الشخصيات المرجعية: (استثارة قدرات غير مدركة أو معطلة)

بعض هذه المعلومات يمكن جمعها من خلال إشراك أفراد من المجتمع المحلي في البحث السريع بالمشاركة، ولكن يجب على فرق البحث والعاملين بالتنمية أن يحاولوا الوصول لفهم مسبق قبل النزول إلى الميدان أو عقد اجتماع رسمي مع المجتمع، والبعض يبدأ أولاً بعقد اجتماع ثم يستكمل بعد ذلك أنشطة البحث السريع بالمشاركة، ولكن مثل هذا المسلك قد يؤدي إلى البناء على فهم ناقص للأوضاع والظروف مما قد يكون له تأثير سلبي على العمل وعلى أثره التنموي.

ولذلك يجب أن تكون فرق البحث ومنظمات التنمية على وعي تام بـذلك كـما يجـب عليهـا أن تحاول فهم الأوضاع من خلال إشراك الأفـراد المحليـين في هـذه المهمـة.لـذا فـإن تحديـد المصـادر المتعلقـة بالتوثيق والمنظمات أو الشخصـيات المرجعيـة والتـي تعـرف المجتمـع جيـداً ينبغـي أن تكـون أول شيء في جدول الأعمال.[1]

(1) دليل الميسر للاتصال التنموي بالمشاركة، مركز البحوث للتنمية الدولية، مركز خدمات التنمية.

رابعا:مهارة المساعدة في اتخاذ القرار

تأخذ مسألة اتخاذ القرار حيزاً كبيراً من اهتمامات الخدمة الاجتماعية، التي تطالب الأخصائيين الاجتماعيين بأن يحرصوا على عدم اتخاذ القرار الخاص بحالة المتعاملين معهم نيابة عنهم، وأن يترك حق اتخاذ القرار وتقرير المصير لهؤلاء الذين يعنيهم الأمر، وما دور الأخصائيين الاجتماعيين إلا تبصيرهم واقتراح البدائل وطرحها أمامهم، لاختيار ما يناسبهم بعد ذلك، من قرار يتعلق بحياتهم ومستقبلهم، أفراداً كانوا أو جماعات أو مجتمعات، من بين الأطروحات التي نتجت عن مناقشة هذا الموضوع، ظهرت نماذج من الأخصائيين الاجتماعيين نجمل طابعها على النحو التالي:

أولا: نموذج الأخصائي الاجتماعي الذي يتيح الفرصة للمشاركة في عملية اتخاذ القرار من خلال وضعه للمشكلة أمام الطرف الآخر وطلبه المشاركة في اتخاذ الحل المناسب، دون أن يغامر في اتخاذ قرار لحل المشكلة قد لا يكون مقبولا للطرف الآخر، وبالتالي فالأخصائي يترك الفرصة للطرف الآخر استخدام ذكائه وقدراته ومهارته، في اقتراح الحل الذي يرونه عملياً وملائما ومقبولا لديهم ولدى الأخصائي، وبذلك فإن الأخصائي يقدر آراء ومقترحات صاحب المشكلة (سواء كان فرد أو جماعة أو مجتمع) التي قد تضع أمامه حلولا متعددة للمشكلة، ثم يبادر الأخصائي في النهاية في اختيار الحل الذي يرى أنه المنشود. وبالتالي فإن هذا النموذج يتيح قدرا يسيرا من الحرية لصاحب المشكلة في صنع القرار قبل اتخاذه.

ثانيا: نموذج الأخصائي الاجتماعي الذي يضع حدودا معينة ويطلب من الطرف الآخر اتخاذ القرار ضمن هذه الحدود، فهو يفوض الطرف الآخر باتخاذ قرار في أمر ما بعد أن يحدد المشكلة ويرسم الحدود، التي يمكن اتخاذ القرار في إطارها، وفي هذا النموذج يتسع مدى الحرية المتاحة للطرف الآخر في مشاركتهم الأخصائي.[1]

---

(1) علي عبدالوهاب: اتخاذ القرارات في المملكة العربية السعودية، منشورات معهد الإدارة العامة بالرياض، 1979.

ثالثا: نموذج الأخصائي الاجتماعي الـذي يتيح للطرف الآخر فرصـة محـدودة لمشـاركته في صـنع قراراتـه، ويكون ذلك غالبا عندما يرى الأخصائي أن ظروف اتخاذ القرار لا تساعده على اشتراك الطرف الآخر في صنع القرار، ولكنه يهتم بأن يكون القرار مقبولا لديهم بقدر الإمكان، فهو يتخذ القرار على أن يعلمهم فيما بعد بالظروف التي اقتضت اتخاذه، ويمنحهم الفرصة لإثارة الأسئلة حول القرار، بهدف معرفة ما إذا كان القرار يلقى القبول لديهم فيقوم بتنفيذه أو يلقى الاستياء لديهم فيعمل على تعديله، تجنبا لما قد يرتبـه تطبيقـه من مخاطر فإذا تأكد الأخصائي أنه لا يوجد معارضة للقرار من قبل الطرف الآخر يقـوم بتوضيـح الأسبـاب والظروف التي أدت إلى اتخاذ القرار، وتوضيح كل ما قد يثار من تساؤل حوله.

رابعا: نموذج الأخصائي الاجتماعية الذي يتيح للطرف الآخر فرصة أكبر للمشاركة في صـنع القـرارات في موقف معين ويتم ذلك في الغالب عندما يتخذ القرار ثم يناقش مع الطرف الآخر أفضل الطرق لتنفيـذه، ذلك لأن تنفيذ القرار يمكن أن يكون بطرق متعددة تبعا لتعدد وجهات نظر في طريقة تنفيذ القرار الـذي اتخذه الأخصائي، وفي هذه الحالة يتيح الأخصائي فرصة للطرف الآخر، لمشاركته الـرأي في طريقـة تنفيـذ القرار.

خامسا: نموذج الأخصائي الاجتماعي الذي يتيح للطرف الآخر المشاركة في صـنع القـرار بـأن يـترك لهـم أمـر اتخاذ القرار الذي يوافقون عليه، وأنه بدوره سيقبله إذا وافقوا عليه، ويمكن تصور ذلك في الواقـع العملـي، عندما يجد الأخصائي أن المشكلة موضوع القرار لا تتغير أهميتها نسبيا، بـاختلاف القـرارات التي يمكن أن تتخذ لحلها، ويلاحظ في هذه الحالة أن دور الأخصائي ضئيل بالنسبة لـدور الطـرف الآخر كبير في صنع القرارات، وفي مثل هذا الوضع ربما يقول الأخصائي للطرف الآخر سأقبل أي قرار يكون مقبولا مـن قـبلكم، وهذا النموذج يمثل أقصى قدر من الحرية تتاح للطرف الآخر. ويترتب في ظل هذا النموذج الـديمقراطي نتائج إيجابية، تنعكس على فعالية ورشد القرار الذي يتم اتخاذه عن طريق المشاركة.

أما الأخصائي ذو النمط الأوتوقراطي: وهو الذي يستخدم مهنته ودوره كـأداة تحكـم والضـغط على صاحب المشكلة. [1]

و من الجدير بالتنويه أن حق تقرير المصير ليس حقا مطلقا، وإنما يخضـع هـذا الحـق لبـعض الاعتبارات التي يفرضها صالح الفرد نفسه أو الجماعة أو المجتمع.و ذلك على النحو التالي:

1- اعتبارات خاصة بالفرد:

يتوقف منح الفـرد الحـق في تقرير مصيره عـلى تفهم شخصيته وقدراتـه الجسـمية والعقليـة والنفسية ونموه الجسمي والعاطفي والعقلي. وقد يلجأ الأخصائي في بعض المواقف إلى سلب هذا الحق من أصحاب الحـالات إذا وجـد مـن خـلال الدراسـة أن حـالتهم لا تمكـنهم مـن حسـن استخدام هـذا الحـق والمحافظة عليه ومثال على ذلك:

- الأحداث المنحرفون.

- بعض حالات المرض النفسي والجسمي.

- حالات الإدمان الشديد على المخدرات والمسكرات.

- الأطفال الصغار.

- الحالات التي يقع منها ضرر على نفس صاحبها كالرغبة في الانتحار.

- حالات الخروج على القوانين كالتعيش من السرقة.

- حالات التعدي على تقاليد المجتمع.

- حالات التعارض من المستويات الخلقية كالكذب والتضليل.

2- اعتبارات خاصة بالمؤسسات الاجتماعية:

وهي تدخل في مدى تمتع الفرد بحقه في تقرير مصيره ويتمثل ذلك في:

---

(1) د. علي عبدالوهاب: اتخاذ القرارات في المملكة العربية السعودية، منشورات معهد الإدارة بالرياض، 1979.

- عدم منح الفرد الحق في اختيار الأخصائي الاجتماعي الذي يتولى دراسة حالته.

- عدم منح الفرد الحق في تقديم البيانات اللازمة لبحث حالته.

- عدم منح الفرد الحق في إجراء الاختبارات اللازمة سواء مهنية أو نفسية عليه.

3- اعتبارات خاصة بالمجتمع:

للمجتمع العام قيمه وتقاليده وقوانينه والتي ينبغي ألا يتجاوزها الفرد متعللا باستخدام حقه في تقرير مصيره وعلى الأخصائي الاجتماعي مساعدة الفرد على تفهم هذه القيم وضوابط السلوك وعلى توجيه حياته الوجهة التي لا يتعارض معها.

وعلى الرغم من أهمية هذا المبدأ وماله من دور في ممارسة الخدمة الاجتماعية إلا أن الأخصائي قد يصادف بعض الأوضاع الاجتماعية التي تحد من فعالية هذا المبدأ في المجال التطبيقي خاصة في المجتمعات النامية منها:

- انتشار الجهل وارتفاع نسبة الأمية في الدول النامية، وعلى الأخص في المجتمعات الريفية، وذلك يؤثر على قدرة الأفراد على توجيه حياتهم وجهة سليمة، وبالتالي على حسن استخدام حق تقرير المصير.

- انتشار ظاهرة التواكل في بعض المجتمعات تغذيها بعض الاتجاهات التربوية، التي لا تعنى بإعداد الطفل للاستقلال الذاتي في المستقبل ولتوجيه شئون نفسه، وتساعد عليها بعض الأوضاع الاجتماعية، وعلى الأخص في الأسرة مثل سلطة الكبار على الصغار والمركز الثانوي للمرأة في بعض المجتمعات، وما إلى ذلك من أمور تضع صعوبات على طرق الأخذ بمبدأ حق تقرير المصير.

- انخفاض متوسط الدخل الفردي بطريقة قد تعوق الفعالية المطلوبة لمبدأ تقرير المصير، إذ قد يدفع الفقر والحاجة الملحة ببعض الأفراد إلى التنازل عن هذا الحق، أو عدم الاهتمام به في سبيل الحصول على ما يسد الرمق.

ان هذا المبدأ يقوم على الاعتراف بحق الإنسان في أن يحيا الحياة التي يختارها لنفسه، وأن يتجه بحياته الوجهة التي يرغبها بإرادته، والتي تنسجم مع قيمه ومعتقداته. ولا يعني التجاء الفرد إلى الأخصائي عن طريق إحدى المؤسسات الاجتماعية أنه يتنازل عن حقه في تقرير مصيره، وفي اتخاذ قراراته المتعلق بحياته، وعلى ذلك يجب على الأخصائي أن يتجنب فرض آراء معينة أو حلول خاصة على صاحب الحالة بشكل يؤدي إلى سلبه هذا الحق.[1]

حالة تطبيقية متعلقة بموضوع اتخاذ القرار:

حولت مديرة المدرسة حالة الطالبة ... بالصف الثالث الإعدادي إلى الأخصائية الاجتماعية بالمدرسة، بسبب تكرار غيابها الزائد عن الحد، بالإضافة إلى ما أشاعته بعض الطالبات عن مشاهدتها أكثر من مرة تقابل شاباً في الأماكن العامة، وقد قالت لبعضهن أنه خطيبها، رغم عدم وجود دلائل تؤكد ذلك.

اطلعت الأخصائية على البطاقة المدرسية للطالبة، وعلمت أنها تبلغ من العمر 18 سنة، باقية للإعاده وحيدة والدها، توفيت والدتها وهي في الرابعة من العمر، والدها من ذوي الأملاك، فضلا عن أنه يملك مزرعة وعمارة، وقد تزوج منذ عامين، وزوجته تبلغ من العمر 24 عاما رغم أن عمره 55 عاما.

انتهزت الأخصائية وقوف الطالبة بمفردها بجوار صالة الألعاب الرياضية، وحاولت التحدث معها في المشكلة، فرحبت الطالبة بذلك، وهي على قدر كبير من الجمال، وإن كانت تعاني من التواء بسيط في القدم اليسرى، وبعد فترة من الصمت سألتها عن مدى اهتمامها بالاستذكار نظرا لقرب موعد الامتحان، فقالت أنها لا ترضى عما تبذله من جهد نظرا لانشغالها في موضوعات أخرى، و أضافت أن حياتها جحيم لا يطاق ولا تعرف مخرجا منذ عامين، فذكرت الأخصائية أنها تقدر الظروف الصعبة التي تعاني منها، فهزت رأسها في أسى وحزن، وقالت أن أبيها المسئول عن كل ما حدث،

(1) كمال دسوقي: سيكولوجية القرارات، مكتبة الأنجلوا المصرية، القاهرة 1961.

فبعد وفاة والدتها أمضت معه في البداية أجمل أيام حياتها، حيث أنه كان لا يـرفض لهـا طلبـاً، رغـم سـوء صفاته الشخصية، فهو يدمن الخمر ويلعب الميسر، كما أن له علاقات نسائية متعددة، ثـم نظـرت الطالبـة للأخصائية وأطرقت صامتة، فطمأنتها الأخصائية إلى أن المعلومات التي ستدلي بها لـيس مـن حـق أحـد أن يطلع عليها، فقالت أنه بعد إصابته بذبحة صدرية وتدهور صحته بشكل واضح منذ تسعة شهور، صارحها بحقيقة زواجه وهي تقيم معها في الوقت الحاضر، ثم أضافت أن الحياة أصبحت لا تطاق في المنـزل، ففـي كل يـوم تقـام السـهرات الليليـة بـالمنزل، ثـم انفجـرت الطالبـة في البكـاء بعـد ذلـك وقالـت أن الأكـثر..... استفسرت الأخصائية عن ما إذا كانت قد صارحت أباها في ذلك فقالت أنها لم تصارحه خوفاً من أن تحدث له أزمة نفسية، فهو أقرب إلى الموت من الحياة، سألتها الأخصائية بعد ذلك عن علاقتها بزوجة أبيها، قالـت أنها تعتبرها مراهقة، وهي تستطيع التفاهم معها لأنهما مقتربتان في العمر، ولكنها تتصف بالعناد وتحـاول السيطرة عليها رغم أنها طيبة القلب، ثم أضافت أن المشكلة الحقيقية هي أنها تحاول إجبارها على الـزواج من شقيقها الأصغر الذي يبلغ من العمر عشرين عاما إلا أنها ترفض ذلك لأنه حاصل على شهادة متوسـطة وعاطل عن العمل في الوقت الحالي فضلا عن أنه تبدو عليه ملامح الإجرام، وقالـت أنهـا تعلـم بـأن زوجـة أبيها تحرص على إتمام الزواج حتى تتمتع هـي وأسرتهـا بتركـة أبيهـا الـذي أفنـى عمـره في جمعهـا، سـألتها الأخصائية عن ما إذا كان لها أقارب يستطيعون الوقوف بجانبها، فقالت أن لها عم واحد يكبر والـدها وقـد قاطع أباها تماما عندما علم بهذا الزواج، ثم أضافت بأنها متعلقة بابن عمها وكان قد تقـدم لخطبتهـا منـذ ستة شهور ووافق أبوها عليه، إلا أنه اقترح إتمام الخطبة بعد الامتحان رغم معارضة عمها لهـذا الـزواج، إلا أن الموقف الحالي هو أن زوجة أبيها تحاول إقناعها بالعـدول عـن هـذه الخطبـة والـزواج مـن أخيهـا وقـد هددتها بأنها ستخبر أباها بأنها تقابل ابن عمها سراً خارج المنزل، وهي تخشى مـن ذلـك كـما أنهـا تنصحها دائما بعدم أهمية استكمال دراستها، فلا أهمية للشهادة طالما أنها ميسورة الحال، فعلقت الأخصـائية بأنهـا يجب أن تهتم باستكمال تعليمها فهذا سلاح المستقبل، أمـا المـال فقـد يـذهب وأضـافت الأخصـائية بأنهـا ستتولى أمور دراستها دون أن تتعرف على وجهة نظر الطالبة، نظرت الطالبة بعد

ذلك إلى ساعتها فسألتها الأخصائية عما إذا كانت توافق على مقابلة عمها أو ابن عمها، فقالت أنها ترحب بذلك، وانصرفت الطالبة شاكرة على أن تحضر مرة أخرى لإخبار الأخصائية بموعد حضورها. [1]

التعليق على تصرف الأخصائية:

ليس اتخاذ القرار حقاً مطلقا للأخصائي ما عدا في حالات معينة كالأحداث المنحرفين وبعض حالات المرض النفسي والجسمي وحالات الإدمان الشديد على المخدرات والمسكرات والأطفال الصغار والحالات التي يقع منه ضرر على صاحب الحالة نفسه كالرغبة في الانتحار وحالات الخروج على القوانين كالتعيش من السرقة وحالات التعدي على تقاليد المجتمع وحالات التعارض من المستويات الخلقية كالكذب والتضليل، وهذه الاعتبارات لا تنطبق على صاحبة المشكلة وبالتالي يجب على الأخصائية الاجتماعية أن تسمح للطرف الآخر بالمشاركة في اتخاذ القرار، وبالتالي اتبعت الأخصائية الاجتماعية الأسلوب الأوتوقراطي والذي يستغل فيه الأخصائي الاجتماعي مهنته ودوره كأداة للتحكم والضغط على صاحب المشكلة في أنها أجبرت الطالبة على استكمال تعليمها، دون النقاش معها بهذا الخصوص. [2]

(1) أحمد عبدالحكيم السنهوري: أصول خدمة الفرد، المكتب المصري الحديث، 1970.

(2) انظر :

1- علي عبد الوهاب: اتخاذ القرارات في المملكة العربية السعودية، منشورات معهد الإدارة بالرياض، 1979.

2- كمال دسوقي، سيكولوجية القرارات، مكتبة الأنجلو المصرية، القاهرة، 1961.

3- أحمد مصطفى خاطر ، الخدمة الاجتماعية نظرة تاريخية – مناهج ممارسة – المجالات، المكتب الجامعي الحديث، محطة الرمل بالإسكندرية، 1998.

4- أحمد عبد الحكيم السنهوري، أصول خدمة الفرد، المكتب المصري الحديث، 1970.

الفصل الرابع

مهارات مرحلية

أولا: مهارة الاستعداد والبداية

تتصف مناطق الدراسة الرئيسية بمحورين أساسين هما: نمط صاحب الحالة، والظروف البيئية.و يشتمل كل من نمط صاحب الحالة وظروفه البيئية على عناصر تحتوي على وحدات فرعية متعددة، قد يرتبط بعضها بطبيعة الموقف، بينما لا ترتبط أخرى. كما أن كلا منها كحاضر تقف وراءها العديد من الأحداث الماضية التي تدل على تطورها وتتابعها حتى حدوث المشكلة، فهذه هي الطبيعة الإنسانية. (عثمان والسيد، 326)

إلا أن العمل مع الأفراد ليست مهنة توثيقية ترصد جميع العناصر بدعوى الدراسة أو استجلاء السيرة الذاتية أو تحري المشكلة بتفاصيلها. فهذا أمر غير مجدي فضلا عن استحالته عملياً. فهي طريقة عملية لمواجهة موقف اعترض مسيرة الفرد، وأفقده لفترة قد تطول أو تقصر القدرة على مواجهته، مما ألجأه إلى المؤسسة طلبا للعلاج، من ثم فاهتمامها لا بد وأن يركز على هذه الجوانب المختارة من الحقائق والأحداث، الأكثر ارتباطا بإمكانية المساعدة.

لذلك تتحدد جوانب الدراسة وفقا للاعتبارات التالية:

1- طبيعة المشكلة:

إن لكل مشكلة مناطق اهتمام خاصة بها في إطار اهتمامنا الرئيسي بالفرد وظروفه البيئية. بل إن مشكلات بعينها قد توجه اهتماماتنا الرئيسية نحو الفرد ونمط الشخصية كالمشكلة الانحرافية والنفسية، بينما توجهنا أخرى نحو عوامل البيئة الاجتماعية كالمشكلة الاقتصادية والإسكان والبطالة، لتجمع أخرى بين الفرد ونمط شخصية جنبا إلى جنب وبالتوازي بين عوامل البيئة الاجتماعية كالمشكلات الأسرية والمدرسية وما أشبه. (عثمان والسيد، 326)

إذ أن المشكلة الاقتصادية الدائمة والعارضة توجه اهتمامنا نحو الدخل في علاقته بعـدد أفـراد الأسـرة وأبواب الصرف والميزانية الشهرية والديون ومصادر الدخل والأقارب والملزمين على مساعدات اجتماعيـة: كعوامـل بيئيـة. مـع اهـتمام أقـل بأنمـاط الشخصـية كـما أن في بعـض الحـالات المتكاسـلة والاعتماديـة أو الانحرافية. (عثمان، السيد ، ص327) بينما تتطلب المشكلة الأسرية تركيزا خاصا ومتوازنا بين أنمـاط شخصـية الـزوج والزوجة جنبا إلى جنب مع العوامل الخارجية كالدخل والحالة الصحية والحالة الاقتصادية والمسكن وعـدد الأولاد، وكيفية الزواج وتاريخ المشكلة وتدخل الأقارب وغيرها.

أما المشكلة المدرسية فقد تتطلب بدورها التعرف إلى ذكاء الطالب وصحته وسلوكه إلى جانب الجـو الأسري والرفاق والجو المدرسي وغيرها، والمعوق الذي يطلب تأهيله مهنيا قد تسلط الأضواء كذلك على كل من شخصية المعوق في تنظيمها النفسي والصحي والعقلي إلى جانب خبراته ومؤهلاته والبيئـة الـتي تعـيش فيها، وصولا إلى اختيار المهنة المناسبة.

أما المشكلات التي يتركز الاهتمام فيها على نمط الشخصـية في ارتباطهـا بالعوامـل البيئيـة فهـي عامـة، كالمشكلات النفسية كالتبول الإرادي والاضطراب السيكوماتي والاضطراب النفسي فيما قبل العصاب، ومرضى العصاب، والمشكلات الانحرافية للبالغين: كالإدمان والسلوك العدواني والسرقات والجرائم الأخلاقية المختلفة وانحراف الصغار الاعتيادي لضعف الذات العليا والاغتصاب والابتزاز وما إلى ذلك.

وتحكم نمط الشخصية أو سمتها مفاهيم الشخصية السوية وغير السوية، كما حددتها النظريـة المختارة للتدخل المهني، ولكـن بصفة عامـة ثمـة مناطق وجوانب متفق عليهـا، نوجزهـا في نـوعين مـن المشكلات وهما:

أ- المشكلات النفسية:

هناك تركيز خاص على السمة العامة للشخصية من حيث السواء وعدم السواء لتحديد مدى توافر السمات العصابية أو الضعف العقلي أو اضطراب الشخصية. فاتفاقا

مع نظرية الأنماط المعاصرة، يتعين قياس الشخصية ككل من حيث السلوك والتفكير والمظهر والانفعال، لوضعها إما بين مرضى الذهان أو مرضى العصاب أو ما قبل الذهان أو ما قبل العصاب أو النمط العاطفي أو النمط العقلي أو النمط السلبي أو النمط العدواني.

وفي ضوء **النظرية التحليلية**: يتركز الاهتمام في مدى تمتع الذات بالقوة والقدرة على اتخاذ القرار والمعايشة والإحساس بالواقع والمواءمة بين الذات الدنيا والذات العليا وعوامل البيئة. ومن جانب آخر التركيز على ما يعرف بالتاريخ التطوري لمتابعة الخبرات العاطفية المحبطة التي تكون من خلال نمو شخصية منذ الطفولة ومدى تواجد ما يترتب عليها من عقد كالعقدة الجنسية، العقدة الأوديبية، وعقدة الذنب، وعقدة النقص لاستدعائها من اللاشعور إلى منطقة الشعور لاستعادة تكامل الشخصية.

أما في ضوء **النظرية الوظيفية**، فيتركز الاهتمام على الإرادة والنظرية السلوكية على العادة المتعلمة والمكتسبة والنظرية المعرفية وعلى قدرة العقل والنظرية الواقعية على مدى افتقار الشخص للقيمة والحب وهكذا.إذ يمكن دراسة أهمية سمة الشخصية مع الفرد شديد الأنانية، وتكون عن طريق مدى تمركز الفرد حول ذاته وخبراته السابقة، وخاصة في مرحلة النرجسية وأحاسيس النقص أو النبذ المبكرة في حياته.

ب- المشكلات الانحرافية:

تعتبر دراسة الجانب النفسي للشخصية ومدى الشعور بالأمن واضطرابات الشخصية غير المرضية، الجانب الأهم فيتم التركيز على ما يلي:

- قدرة الذات العليا أو ضعفها أو تأرجحها، وما هي أحكام الفرد على ما هو حلال أو حرام، وخيراً وشر، واستقامة أو انحراف، فضيلة أو رذيلة.
- الظروف التي مهدت لهذا الاستعداد وحولته إلى ارتكاب الجريمة.
- الإطار القيمي للأسرة واتجاهات التنشئة الاجتماعية والقدوة.

- البيئة والحي والرفاق وأثرها على القيم الثقافية.

2- النظرية العلمية:

إن أكثر النظريات العلمية توافقا مع ممارسة خدمة الفرد هي النظرية التحليلية، ولكن هناك بعض الحالات التي تتطلب ممارسة مداخل غير تحليلية لتوافقها مع طبيعة الموقف، وهذا الأمر يحدد مناطق الاهتمام عند دراسة المشكلة بما يتوافق مع مفاهيم هذه المداخل.

3- إمكانية المؤسسة:

أن لإمكانيات المؤسسة وأهدافها دور في تحديد طبيعة المشكلة والنظرية المختارة، بل تعمل كذلك على تحديد المناطق الواجب دراستها سواء في نمط الشخصية أو ظروف البيئة.كما أن الأخصائي الاجتماعي يعمل من خلال المؤسسة على متابعة التاريخ التطوري أو قياس معامل الذكاء أو الشخصية أو العلاقات الأسرية.

وإضافة إلى المهارات المستندة للاعتبارات الأساسية لعملية الدراسة التي ينطلق منها الأخصائي الاجتماعي وفي ضوء معطياتها نحو عمليتي التشخيص والعلاج، فإن ثمة مهارات تتعلق بالاستعداد لاستقبال أصحاب الحالات وبالبدء معهم في عملية الدراسة، مما سنأتي على الحديث عنه فيما يلي:

1- الاستعداد للاستقبال:

يقوم الأخصائي الاجتماعي بعقد المقابلات، التي تعمل على تنمية وتبني مجموعة من المشاعر والاتجاهات الإيجابية من أجل الاستعداد لمقابلة صاحب الحالة، والتعرف على ظروفه وأحواله أو الإلمام بالموقف الذي مر به. ويقوم الأخصائي الاجتماعي بإعداد نفسه حتى يسمح له بالتدخل في المواقف التي تتطلب الجهد والاهتمام. أما من ناحية صاحب الحالة نفسه فمن المرجح أنه يتأثر نفسيا بهذه المقابلة كنتيجة لإحساسه بمشاعر الإحباط التي تعود لعدم إشباع احتياجاته وحل مشكلاته، لذا على الأخصائي الاجتماعي أن يعد نفسه للتعامل مع ردود الفعل بطريقة عادية. وتتميز هذه المرحلة

بكونها مؤقتة أو ذات طابع تجريبي، وهذا يمثل وضعا أو حالة فريدة، ولا بد أن يكون لدى الأخصائي الاجتماعي الاستعداد لمواجهة ما لم يكن في الحسبان من ردود الفعل.

يتمكن الأخصائي في هذه المرحلة من إدراك معاني التلميحات التي تصدر عن صاحب الحالة، ويحاول التعبير عن المشكلات والاهتمامات التي تشغل باله، لذا على الأخصائي الاجتماعي أن ينمي قدرته على الإحساس بتلك المشاعر حتى يصبح قادراً على قراءة تلميحاته وإدراك معانيها دون عناء كبير. (الغزاوي، 228)

2- البداية:

ينحصر دور الأخصائي الاجتماعي عند البدء في توضيح دوره للفرد من خلال الجهود التي يبذلها أثناء المقابلات الأولى، ليطلعه فيها على أنواع الخدمات التي تقدمها المؤسسة. ويعمل الأخصائي خلال تلك المقابلات على تنمية إدراك صاحب الحالة بقيمته، وأهمية ما سيقوم بينهما من علاقة مهنية ستجمع بين الموارد والخدمات المتاحة من جهة، والكيفية التي سوف تشبع بها حاجاته أو تحل بها مشكلاته من جهة أخرى. (الغزاوي، 229)

هناك عدة افتراضات تتعلق بسير عملية المساعدة، كميل صاحب الحالة لاستخدام أسلوب المبالغة للتعبير عن مشاعره خلال المقابلات الأولى، وعادة ما يعبر عن مخاوفه النابعة من إحساسه بضعف شخصيته أو عجزه عن مواجهة المشكلات ووضع الحلول لها. ويلاحظ الأخصائي بعد ذلك سلوك صاحب الحالة وسماته الشخصية المرتبطة باحترام الناس وتقديرهم.

يتضح مما سبق ضرورة اهتمام الأخصائي الاجتماعي بتنمية قدراته التي تساعد على اختيار عبارات سهلة واضحة عندما يقوم بتبصير صاحب الحالة بأهداف المقابلة، والتعامل معه كإنسان حر له الحق بالاختيار، وهو كذلك حر في القبول أو الرفض، كل ذلك حتى يساعد على تقبله للأخصائي وتقبله لشخصيته. (الغزاوي، ص231)

إذا تمكـن الأخصـائي الاجتماعـي مـن ذلـك في المقابلـة الأولى، فإنـه يتوصـل إلى حـل للمشـكلات والحصول على نتائج إيجابية في عملية المساعدة، يتوقف نجـاح الأخصـائي في اجتيـازه لمرحلـة البدايـة عـلى توفر المهارات الأربعة التالية::

1- توضيح الغرض من عقد المقابلة.

2- توضيح دور الأخصائي الاجتماعي.

3- تشجيع صاحب الحالة على التعبير عن ردود الفعل التي تركها في نفسه.

4- التعبير عن الاعتقاد في إمكانيات إنجاح العمل. (الغزاوي، 232) [1]

---

(1) أنظر:

1- عبد الفتاح عثمان، علي الدين السيد محمد :خدمة الفرد/ ، الطبعة الأولى، الناشر مكتبة عين شمس، القاهرة - مصر 1994

2- جلال الدين الغزاوي :مهارات الممارسة في العمل الاجتماعي/ ، مكتبة ومطبعة الإشعاع الفنية، الإسكندرية - مصر 2001.

ثانيا: مهارة تحديد مناطق الدراسة

تعتبر مهارة تحديد مناطق الدراسة عملية ديناميكية لا تسير حسب نموذج أو استمارة يستوفي الأخصائي الاجتماعي ما جاء فيها. فإن لكل مشكلة من شأنها أن تحدد نوع المعلومات والحقائق التي ينبغي دراستها لتفهم كل من الفرد ومشكلته، وكذلك تحدد عمق مستوى الدراسة التي يذهب إليها الأخصائي الاجتماعي.

إن المعلومات التي يدلي بها صاحب الحالة قد تدفع الأخصائي الاجتماعي إلى وضع فرض تشخيص معين، لا يلبث أن يغيره أو ينفيه بحصوله على مزيد من البيانات من صاحب الحالة، كما أنه قد يسعى للتحقق من صحة فرضه التشخيصي، بأن يسير بالدراسة إلى النواحي التي تساعده بياناتها على إثبات صحة هذا الفرض أو تعديله، وهكذا يظل الأخصائي الاجتماعي في وضع الفروض التشخيصية وتعديلها أو نفيها حسب طبيعة المعلومات والبيانات والملاحظات التي تستجد في الدراسة من نقطة إلى أخرى.

ونعني بمهارة تحديد مناطق الدراسة المعلومات والحقائق والبيانات المتعلقة بالمشكلة أو صاحبها أو المحيطين به، وتعني أيضاً الجوانب المختلفة التي يجمع الأخصائي الاجتماعي المعلومات عنها والحقائق عن الموقف الإشكالي، أي المعلومات التي يسعى الأخصائي إلى الحصول عليها حتى يصبح لديه تصور واضح للموقف الإشكالي.

بالرغم من عدم وجود نموذج عام أو صيغة موحدة لمناطق الدراسة، إلا أن هناك دليلا يمكن الاسترشاد به، والذي يعطي صورة عامة عن مناطق الدراسة التي يحتاجها الأخصائي الاجتماعي، وهو ما يعرف بالتاريخ الاجتماعي والتاريخ التطوري.

وسنعرض فيما يلي لمهارات الحصول على التاريخين الاجتماعي و التطوري، مـع ادراك أهميـة اتقـان هذه المهارات للتوصل الى دراسة دقيقة ووافية للحالات المتناولة من قبل الأخصائيين الاجتماعيين. [1]

التاريخ الاجتماعي:

هو نتيجة أو محصلة لعملية الدراسة، ويتكون مـن مجموعـة مـن الحقائق التي توصـل إليهـا الأخصائي الاجتماعي، فهو صورة مكبرة للموقف من جميع الجوانب، أو هو اللوحـة البيانية، التي تعرض جميع الحقائق الهامة عن الفرد ومشكلته وبيئته، وهو أحد أشكال التسـجيل الموضوعي، حيـث يـتم مـن خلال ترتيب الحقائق تحت موضوعات معينة، تشمل حقائق ترتبط بهذه الموضوعات.

ويتكون التاريخ الاجتماعي غالبا من العناصر التالية:

- بيانات أولية عن صاحب الحالة، وهي البيانات المعرفة بصاحب الحالـة، وهـي خاصـة باعتبـاره شخصاً عادياً مثل الاسم والسن والحالة الاجتماعية والعمل وعنوان السكن والموطن الأصـلي، ثـم بيانات أولية أخرى باعتباره صاحب حالة، مثل نوع المشكلة ورقم الحالة وتاريخ تحويلها وتاريخ بحثها ونوع المساعدة.

- مصدر التحويل، ويتم التحويل إلى المؤسسة مـن مصـادر مختلفـة، فقـد يتقـدم صـاحب الحالـة بنفسه وبدافع من ذاته أو بتوجيه من الآخرين، أو يتقدم أشـخاص بطلـب المسـاعدة لـه، وكـما يمكن أيضاً أن يحول عن طريق الهيئات والمؤسسات.

---

(1) أنظر:

1- عبـد المنصـف حسـن عـلي رشـوان: عمليـات الممارسـة المهنيـة لطريقـة خدمـة الفـرد – المكتـب الجـامعي الحـديث (الازاريطـة- الإسكندرية-2006.

2- جلال عبد الخالق : العمل مع الحالات الفردية (خدمة الفرد –عمليات ونظريات وتطبيقات- الطبعة الثانية المكتب العلمي للكمبيوتر والنشر والتوزيع الإسكندرية-1999

- المشكلة من وجهة نظر صاحبها، ومن خلاله يطرح رأي صاحبها الشخصي في المشكلة.

- تكوين الأسرة، ويستخدم غالباً جدول لبيان تكوين الأسرة.

- العلاقات والقيم والمستويات المختلفة في الأسرة، ويقصد بذلك نوع العلاقات بين أفراد الأسرة جميعا من ناحية وعلاقة صاحب الحالة بأفراد الأسرة من ناحية أخرى.

- البيئة، ويقصد بها بيئة صاحب الحالة الداخلية والبيئة الخارجية المحيطة به.

- التاريخ التطوري والذي سيفصل لاحقاً.

- رأي الأخصائي الاجتماعي، من حيث نشأة المشكلة والعوامل المؤثرة في تكوينها والاتجاه العلاجي.

وليس من الضروري أن يتقيد الأخصائي بتلك البنود، فمن الممكن أن يزيدها أو ينقصها، حسب طبيعة المشكلة وحسبما ترى المؤسسة اتباعه، فهي بنود مرنة من حيث الشكل والمضمون.

التاريخ التطوري:

يقصد بالتاريخ التطوري المقطع الطولي لشخصية الفرد، الذي يكشف مواقع تأثير الخبرات الماضية، بما فيها عوامل التنشئة الاجتماعية والتربية و المعاملة، ويتضمن التاريخ التطوري المراحل التالية:

- مرحلة ما قبل الحمل: وتشتمل على اتجاه الوالدين نحو الحمل، الجهود التي بذلت حتى تم الحمل، وتشمل صحة الأم: فقد تكون ضعيفة أو مصابة بمرض يؤثر على الحمل، وتشمل المشاكل الزوجية قبل الحمل والحالة الانفعالية التي مرت بها الأم.

- مرحلة الحمل: وتشمل الأمراض التي أصابت الأم أثناء الحمل والخلافات والمشاكل الأسرية أثناء الحمل، وعدم الرعاية الصحية أثناء الحمل والانفعالات التي مرت بها الأم.

- مرحلة الوضع: و تبين طريقة الولادة إذا كانت طبيعية أو عسيرة وتأثير ذلك على الطفل من الناحية الصحية، وتأثيرها على الأم، وتتضمن أيضا الجو النفسي المصاحب لعملية الوضع وخاصة الحوادث السيئة.

- مرحلة ما بعد الولادة: وتشمل الرضاعة وطريقتها ومدى كفايتها للطفل ،كما تشمل عملية الفطام والإخراج والتوافق الحركي وعملية الكلام. [1]

وتنقسم مناطق الدراسة في خدمة الفرد إلى:

1- مناطق الدراسة الذاتية.

2- مناطق الدراسة البيئية.

وسنناقش مكونات كل من المنطقتين بالتفصيل:-

أولا: مكونات الجانب الذاتي للشخصية : الجانب الجسمي، وتتضمن الطول أو القصر وشكل الوجه والقوام والعاهات والتشوهات.

- الجانب النفسي، ويعني مدى توفر الشعور بالحب والأمان والاستقرار والشعور بالانتماء لدى صاحب الحالة وانعكاس ذلك على حالته النفسية.

---

(1) عبد المنصف حسن علي رشوان : عمليات الممارسة المهنية لطريقة خدمة الفرد – المكتب الجامعي الحديث الإسكندرية2006 صفحة 56-68.

- الجانب العقلي، وهو القدرة الفطرية العامة ودرجتها التي يتمتع بها صاحب الحالة ونعني بها درجة الذكاء وأيضا القدرات الخاصة لديه مثل القدرة على التخيل والتذكر.

- الجانب الاجتماعي وتمثلها العادات والتقاليد الاجتماعية والقيم الأخلاقية والضوابط الاجتماعية والعلاقات والطموح.

ثانيا: مكونات الجانب البيئي:

- الأسرة: تكوين الأسرة وموقع الفرد داخل الأسرة وعلاقات أفراد الأسرة واتجاهات أفراد الأسرة ومشاكله الحالية والسابقة ومدى رضائه عن عمله.

- المدرسة: المشكلات التي يواجهها الطالب بالمدرسة وأسلوب مواجهة مشكلاته والجانب ألسنة الدراسية ومدى سيره بنجاح أو فشل في الدراسة والتحصيل.

- العمل: إمكانيات العامل ورغباته وعلاقاته وأجر العامل وإصابات العامل والعلاقات بين العامل ورؤسائه.

- السكن: حالة المنزل و سعته ونسبة الكثافة وحالة الأثاث والظروف الصحية.

- الحي: ويشمل على ظروف الشارع والحارة وسهولة أو صعوبة الوصول إلى الحي.

- الأصدقاء: نوعية الأصدقاء وأسباب الصداقة ومدى تأثير الأصدقاء وأسلوب شغل وقت الفراغ. [1]

أما المعلومات التي يهتم بها الأخصائي في مناطق الدراسة فتكون على نوعين النوع العام والنوع الخاص.

---

(1) جلال عبد الخالق (العمل مع الحالات الفردية (خدمة الفرد -ونظريات وتطبيقات -كلية الخدمة - المكتب الجامعي الحديث (الازاريطة - الإسكندرية- 2001 من صفحة 36 - 38.

النوع العام:

المعلومات التي تكاد تكون مشتركة في جميع الحالات بصفة عامة، مثل المعلومات المتعلقة بشخصية الفرد والعوامل المتدخلة في الموقف وإمكانيات صاحبه التي يمكن أن تسهم في علاج الموقف وإمكانيات البيئة.

النوع الخاص:

المعلومات النوعية لكل مشكلة، فمثلاً في مشكلة الحدث الجانح يجب الاهتمام بالتاريخ التطوري للطفل ونوع النشأة ومعاملة الوالدين له. [1]

وهناك عوامل تحدد المناطق والجوانب الدراسية التي يتطلبها الموقف، والتي تكون موضوعا لاهتمام الأخصائي الاجتماعي ومن هذه العوامل:

- وظيفة المؤسسة وإمكانياتها، وهذه تحدد طبيعة الحقائق التي تتفق مع أهدافها وبرامجها.

- طبيعة المشكلة، إن طبيعة الموقف الإشكالي ذاته تشير إلى الجوانب التي تهم من سمات الفرد الشخصية وفي الظروف المحيطة به، فمثلاً: تحدد المشكلة الاقتصادية نوع الحقائق الواجب معرفتها، كتكوين لأسرة وميزانيتها وأنواع الاضطرابات المالية التي تعرضت لها، وأما المشكلة المدرسية فتتطلب الإلمام بالجو المدرسي ونوع التأخر الدراسي، إذا كان خاصاً أو عاماً، والتاريخ الدراسي للطالب وطريقة الاستذكار، وفي حالات التبول اللإرادي يكون من الأهمية التعرف على الحالة الصحية للفرد، كالجهاز البولي ومدى الاضطراب النفسيـ والسلوكي ومعرفة سمات الشخصية، وفي حالة الحدث المنحرف قد يركز على التعرف على نوع الانحراف، وإذا ما كان عارضاً أم متكرراً، عشوائياً أو بالمشيئة أو بالتورط، والمشكلة الأسرية تتطلب تركيزاً خاصاً على طبيعة العلاقات بين أفراد الأسرة،

(1) جلال عبد الخالق : العمل مع الحالات الفردية (خدمة الفرد – عمليات ونظريات وتطبيقات- الطبعة الثانية المكتب العلمي للكمبيوتر والنشر والتوزيع – الإسكندرية- 1996 من 78 إلى 82.

- وكيفية الزواج ونشأة المشكلة، وتطويرها والفروق المختلقة بـين الـزوجين والقيـادة في المنـزل، وسمات كل فرد من أفراد الأسرة، وفي الحالات الإيوائية في المؤسسات رعايـة الطفولة يركز عـلى حقائق خاصة بالعوامل التي أدت إلى طلب إلحاقه بالمؤسسة وتاريخ الأسرة والعلاقـات الأسريـة والتاريخ التطوري للطفل وحياة الطفل المدرسية. [1]

مهارة تحديد مناطق الدراسة في خدمة الجماعة:

يختلف كل فرد عن الآخر لتعدد العوامل المختلفة التي يتعرض لها كـل فـرد وتختلـف مـن فـرد لآخر. وكذلك تختلف الجماعات عن بعضها لأنها تتكون مـن أفـراد مختلفـين، ومـا الجماعـة إلا عـدد مـن الشخصيات التي تتفاعل مع بعضها وهي تنمو وتتغير لأن الأفراد فيها في نمـو وتغـير مسـتمر، فلـذلك فـإن دراسة الجماعات ليست بالأمر اليسير، وهي تحتاج لمهارات وخبرات خاصة من قبل الأخصائي الـذي يقـوم بدراستها.

فمناطق الدراسة في خدمة الجماعة التي يجب أن يحددها الأخصائي الاجتماعي تشـمل: مرحلـة العمر الزمني لأعضائها ووظائف الأعضاء واستجاباتهم لبعضهم والخصـائص والصـفات الظاهـرة عـلى الجماعة والأسباب التي دعت أعضاء الجماعة للانضمام إليها وتاريخ الجماعـة مـن حيـث: متـى تكونـت، وكيف تكونت، وما السبب في تكوينها وما نوع هذه الجماعة. وتشمل خصائص الجماعة من ناحيـة العمـر الزمني وجنس الأعضاء وثقافتهم والعلاقات فيما بينهم والخبرات الماضية للجماعة. هـذا إلى جانـب أعضـاء الجماعة من حيث عمرهم وخبرات كل عضو ومسـتوى أسـرة العضـو ورغبـات وقـدرات العضـو إلى جانـب أيضا تشمل الأغراض والأهداف الفردية والجماعية مثل

---

(1) عبد المنصف حسن علي رشوان : عمليات الممارسة المهنية لطريقة خدمة الفرد - المكتب الجامعي الحديث - الإسكندرية - 2006 من صفحة 56 إلى 59.

حاجات الأفراد وأغراض الجماعة المباشرة والأفراد الذين يحتاجون إلى مساعدة ومدى تمتع الجماعة بخبرات ناجحة في الماضي. [1]

مهارة تحديد مناطق الدراسة في تنظيم المجتمع:

إن دراسة تنظيم المجتمع عمليـة صعبة،[2] فمنـاطق الدراسـة في تنظيم المجتمع التـي يسـعى الأخصائي الاجتماعي إلى تحديدها هي خبرات المجتمع وتجاربه السابقة مـن حيـث تعـديل ظـروف البيئـة المحيطة، ونسق القيم والعادات السائدة والموارد والاحتياجات والعلاقات مـا بـين أفراد المجتمـع ومشـاكل أفراد المجتمع والمستوى المعيشي للمجتمع والظروف التي تحيطه والمصالح المشتركة وغير المشتركة. [3]

(1) محمد محمود مصطفى (خدمة الجماعة) العمليات والممارسة- الطبعة الثانية مكتبة عين شمس 1994 من 41 إلى 46.

(2) أحمد مصطفى خاطر، طريقة تنظيم المجتمع – مدخل تنمية المجتمع المحلي – استراتيجيات وأدوار المنظم الاجتماعي، المكتب الجـامعي الحديث، - إسكندرية، من 48 إلى 54.

(3) أحمد كمال أحمد – تنظيم المجتمع (نظريات وحالات) الجزء الثاني – الإنجلو المصرية – 1973 من 34 إلى 37.

ثالثا:مهارة اختيار المصادر المناسبة

تعتبر مصادر الدراسة المنابع التي يحصل منها الأخصائي الاجتماعي على حقائق المشكلة سواء أكانت مصادر بشرية أو مادية. وقد يرجع الأخصائي إلى مصدر واحد لدراسته للمشكلة وقد يرجع إلى أكثر من مصدر والمهارة تبدأ من هنا حيث يحدد الأخصائي ما إذا كان سيرجع إلى مصادر متعددة أم لا، والأخصائي الماهر هو الذي ينجح في الرجوع إلى المصادر التي تخدمه ولكن رجوعه يكون في أضيق الحدود ارتباطا بتطبيق مبدأ السرية ومراعاة لئلا يهدر الطاقات والموارد في الرجوع لمصادر لا تخدم المشكلة.

وعندما يختار الأخصائي الاجتماعي الرجوع إلى أكثر من مصدر لدراسة المشكلة فإن مهارة أخرى يجب أن يبرع فيها عند تطبيق هذا الجانب، ألا وهي مهارة تحديد ارتباط أولوية المصادر الأخرى بالمجال الذي تمارس فيه عملية الدراسة... فعلى سبيل المثال في مجال الأحداث يلي الحدث في الأهمية الأسرة، فالأخصائي الماهر هو الذي يلجأ للأسرة كمصدر ثاني للدراسة وليس للمدرسة! وحينما يعمل الأخصائي مع طالب يعاني من صعوبات دراسية يجب عليه أن يدرك بمهارته أنه يجب أن يتصل بالمؤسسة التعليمية كمصدر للدراسة وليس لأي مصدر آخر قبلها.

وفيما يلي سوف أعرض كل مصدر من مصادر الدراسة الاجتماعية وجوانب المهارة في تخير هذا المصدر:

- صاحب الحالة: وهو من مصادر الدراسة البشرية الرئيسية ونظراً لأن الجوانب الذاتية من المؤثرات الرئيسية على المشكلة وانعكاساتها عليه، فإن مهارة الأخصائي الاجتماعي تتمثل في:

- القدرة أولا على الولوج إلى ذات الشخص والسعي للحصول على أكبر قدر من المعلومات منه.
- المهارة في تناول المعلومات تلك من صاحبها بحيث لا يشعر بأن كلماته معدودة عليه من قبل الأخصائي أو أن الأخصائي يحاول أن يستقي المعلومات منه، مما يخلق راحة نفسية لديه من خلال كلامه مع الأخصائي، وأيضا مما يساهم في تقوية العلاقة المهنية التي تعتبر المدخل الرئيس لعمليات التدخل المهني والعلاج.
- وقبل أن يقرر الأخصائي الاجتماعي ما إذا كان سيعتمد على صاحب الحالة كمصدر وحيد لدراسته أم لا، نجد أن الأخصائي الماهر هو الذي يدرك بمهارته الآثار التي تتركها شخصية صاحب الحالة على نظرته الموضوعية للأمور والتي تنعكس بصورة واضحة على ما يدلي به من معلومات للأخصائي.. بمهارة الأخصائي يدرك أي المعلومات مرجعها لنظرة شخصية من صاحب الحالة أو متحيزة منه أو تلك المعلومات التي قد يغفلها صاحب الحالة لعدم شعوره بأهميتها أو ارتباطها بالموقف... وعليه فإن الأخصائي الذي يفتقد إلى المهارة في تخير المصادر المناسبة للدراسة تصبح لديه الصورة مبتورة عند اختيار صاحبها كمصدر وحيد مما يحتم عليه الرجوع لمصادر أخرى في الوقت الذي نجد فيه أن الأخصائي الماهر الذي راعى ما قد سلف ذكره يعي كل تلك الجوانب ويحاول أن يغطي القصور فيها ويميز بين المعلومات التي تخدم مشكلة البحث من تلك التي لا تخدمها ليقرر تاليا ما إذا كان سيرجع إلى مصادر أخرى أم لا.
- وكذلك من المهارات اللازمة للأخصائي الاجتماعي عندما يختار هذا المصدر لعملية دراسته أن يدرك كيف يتعامل مع هذا المصدر، فالتعامل مع طفل يعاني من مشكلة التبول اللاإرادي تختلف حتما عن التعامل مع امرأة تعاني من انهيار عاطفي بسبب بعد زوجها عنها وكثرة المسئوليات الملقاة على عاتقها

ونقيس على ذلك الأنواع المختلفة التي يتعامل معها الأخصائي، وما المهارة في التعامل مـع كـل حالة كمصدر للدراسة على حدة بشكل قد يكون مختلفاً تماما عن التعامل مع الحالة الأخرى إلا تطبيق لمبدأ فردية الفرد والمشكلة.

- أفراد الأسرة: وهم الأشخاص الذين يشاركون صاحب الحالة في حياتـه المعيشـية سـواء أكانـت الأسرة الأبوية في حال كونه أحد أفراد الأسرة، أو الأسرة الزواجيـة في حـال كونـه رب الأسرة، أو قـد تمتـد إلى العائلة في بعض حالات الأسر الممتدة ومهارة الأخصائي في تعامله مع هذا المصدر الحيوي تكمن في مـا يلي:

  ○ مهارة الأخصائي الاجتماعي في استيفاء المعلومـات مـن الأفراد لأنهـم أكـثر الأشخاص معايشـة وفهمهم لبعضهم البعض فعادة ما يقدمونه من معلومات يكون أقرب للواقعية.

  ○ إن التعامل مع هذا المصدر تستلزم من الأخصائي الاجتماعي مهارة إدراك أن هـذه المعلومـات بعضها يعبر عن وجهة نظرهم الذاتية نحو صاحب الحالة والمشكلة وعليـه أن يتخلص منهـا ويهتم بوجهة النظر الموضوعية.

  ○ مهارة الأخصائي الاجتماعي في عملية اختيار المصـادر المناسبة أيضـا تسـتلزم إدراكـه حتـى لـو اختار صاحب الحالة كمصدر وحيد للدراسة فإن المهارة تقوده إلى أن هناك بعض المعلومات التي قد يحتاجها ولكن يتعذر الحصول عليها مـن ذاته كالتـاريخ التطوري الـذي يـؤثر في شخصية الفرد الأمر الذي يحتم عليه الرجوع في هذا الجانب إلى أفراد الأسرة.

- المتصلون بصاحب الحالة: وهم عادة خارج نطاق الأسرة ولكنهم على صلة وثيقة بـه، والمهـارات التـي يجب أن يراعيها الأخصائي الاجتماعي مع هذا المصدر هي ذاتها المستخدمة مع أفراد الأسرة إلا أنه قد يزيد عليها ما يلي:

○ مهارة الأخصائي في إدراك من هم الأشخاص الذين سيستفيد منهم إذا اعتبرهم مصدراً لعملية الدراسة.. أي المهارة في اختيار من يقعون ضمن دائرة المتصلين بالفرد.

○ مهارة الأخصائي في أن يتعامل مع هذه الفئة بالصورة التي تتيح له الاستفادة من هذه المصادر دون أن يكون الاتصال بهم مصدر حرج لصاحبها أو أن الاتصال بهم قد يسبب مشكلة فرعية أخرى له.

● الخبراء المتخصصون: وهم من المصادر البشرية التي تكون أمام الأخصائي الاجتماعي ليختار ما إذا كانت المشكلة تستدعي اللجوء لهم أم لا، فبعض الحالات يتطلب الأمر فيها الرجوع إلى المهنيين من التخصصات الأخرى للاستعانة بهم في توضيح بعض جوانب المشكلة ولإلقاء الضوء على بعض الجوانب المتخصصة وتكمن مهارة الأخصائي الاجتماعي في التعامل مع هذا المصدر في التالي:

○ أن يعرف الأخصائي من هم المتخصصون الذين تستدعيهم الحالة، فعلى سبيل المثال يجب أن يعي الأخصائي أنه يجب عليه الرجوع للمتخصص القانوني لمعرفة الجانب القانوني لانحراف الأحداث، أو لطبيب لتحديد أسباب التبول اللاإرادي فيما لو كانت الأسباب عضوية، وفي الوقت الذي يتضح لنا أهمية الرجوع لهذا المصدر تبرز لنا أهمية المهارة في الرجوع لهذا المصدر وإذا انتفت المهارة انتفت الأهمية، فافتقار الأخصائي لمهارة تخير الخبير المختص للحالة يعني فشل عملية الدراسة وبالتالي التشخيص فالعلاج.

○ مهارة الأخصائي في إدراك متى تحتاج الحالة إلى تحويل إلى متخصصين آخرين لإجراء اختبارات معينة أو لتقديم عملية العلاج.

○ مهارة الأخصائي في توضيح أهمية التحويل الحالة، حيث يجب عليه قبل أن يحول صاحبها وملفاته أن يوضح له ضرورة هذه الاتصالات والفائدة التي ستعود عليه من إجرائها وصلتها وأهميتها لعملية المساعدة.

- الوثائق والمستندات: وهي من المصادر المادية التي تقتضيها الضرورة لاستكمال الدراسة للحصول على المادة الدراسية أو لتحديد أحقية العميل أو للتأكد من صحة المادة الدراسية الموجودة لدى الأخصائي حول المشكلة ومن الوثائق شهادات الميلاد والوفاة وعقد الـزواج أو عقد الطـلاق أو عقد الإيجار أو إيصال الكهرباء أو البطاقات الشخصية أو التوزيع الشرعي للورثة، ومهارة الأخصائي الاجتماعي في تعامله مع هذه المصدر تتمثل في:

  ○ أن يأخذ في اعتباره أن هذه الوثائق والسجلات ليست جميعها مطلوبة لكل حالـة بـل بعـض منها حسب اللائحة المنظمة وحسب المجال الـذي تمـارس فيه الخدمـة الاجتماعيـة وطبيعـة المشكلة.

  ○ إقناع صاحب الحالة بأهمية إحضار الوثائق والمستندات وارتباطها بعملية المسـاعدة حتـى لا يشعر بأنه موضع شك.

- السجلات: وهذه السجلات تنقسم إلى السجلات الخاصة بالحالة في نفس المؤسسة والسجلات الخاصة بالحالة في المؤسسات الأخرى.

  ○ عند تعامل الأخصائي الاجتماعي مع السجلات الخاصة بالحالة في نفس المؤسسة فإن ذلك يستلزم مهارات متعددة أولها ألا يغفل الأخصائي الاجتماعي عن أهمية الإطلاع على السجلات الخاصة بالفرد في نفس المؤسسة إذا كانت له صلة سابقة بالمؤسسة خاصة في مجال الأحداث، ومهارته في الوصول إلى المعلومات المتعلقة والتي تغيرت ومعرفة أسباب التغيرات لما قد يكون لها من مدلولات للمشكلة ، وكذلك مهارته في انتقاء المعلومات التي يحتاجها لدراسة المشكلة الحالية عوضاً عن الرجوع لأخذها مما يسبب له الملل.

  ○ أما عند تعامل الأخصائي مع السجلات الخاصة بالشخص في المؤسسـات الأخرى فالمهـارة هنـا تعني تكامل نوعيات التدخلات المهنية التـي تقـدم لـه، ولا يمكن أن يكـون ذلـك إلا بعـد أن يستطلع الأخصائي على هذا النوع من

○ السجلات مثل التلميذ بالمدرسة والتجائه للعيادة الطبية أو الصحة النفسية وذلك لتنسيق الخدمات التي يحتاجها العميل.

● البيئة المحيطة بصاحب المشكلة: ويقصد بها كل ما يؤثر في مشكلته أو يتأثر به وتعتبر البيئة مصدراً هاما للمعلومات خصوصاً في الحالات التي تلعب فيها العوامل البيئية دوراً رئيسياً في إحداث المشكلة ومهارة الأخصائي تتمثل في المهارة في اختيار البيئة التي تتطلب الحالة الرجوع لها كالحي والسكن لحالات جناح الأحداث وحالات الاضطرابات السلوكية والنفسية والاجتماعية. [1]

(1) أنظر:

1- أحمد عبد الحكيم السنهوري: أصول خدمة الفرد، مكتبة القاهرة الحديثة، 1965م.

2- http://ww.swmsa.com/forum/index.php

رابعا: مهارة تحديد شكل العمل

لا يستطيع الأخصائي الاجتماعي أن يحقق نجاح التدخل المهني في الوقاية والدعم إلا إذا كانت وسائله ملائمة لاحتياجات الفرد وحالته النفسية، فبعض العملاء يحتاجون إلى دعم نفسي واجتماعي ومادي بعيدا عن كلمات الطمأنة.

ويحتاج هؤلاء إلى خطوات مهنية عملية لحل المشكلات واتخاذ القرارات من الأخصائي الاجتماعي فصاحب الحالة عادة ما يشعر بالحاجة للمساعدة، والأخصائي هو الشخص المحايد الذي لا تربطه صلة شخصية به، والذي يتميز بالقدرة على الاستماع والمساندة.

وقد يكون الأخصائي الاجتماعي هو الذي سعى إلى ذلك الشخص بناء على طلب من أحد الأصدقاء أو أفراد العائلة، لتقديم المساعدة له، وعلى الأخصائي الاجتماعي أن يستكشف معه ما إذا كانت هناك مشكلة أم لا، وفي بعض الأحيان لا يكون ذاك واعياً بأحد مجالات احتياجه، ولذلك فإنه قبل أن تبدأ عملية تقديم الخدمة سواء كانت وقائية أو علاجية أو إنمائية، لا بد من تحديد الاحتياجات، و يساعد الحوار والتفاعل على تحديد وحل المشكلات أو معالجتها، كما يساعد على التصرف إزاء المشكلات والاحتياجات النفسية بأكبر قدر ممكن من التعقل، ويجب أن يكون التدخل المهني للأخصائي الاجتماعي مكثفا ومركزا ونوعيا، في تسلسل خطوات معدة مسبقا، حتى يساعد الناس على تحمل أقصى ـ قدر من المسئولية في اتخاذ القرارات المتعلقة بحياتهم، ويهتم الأخصائي الاجتماعي بالأفراد والأزواج والأسر والجماعات لتحقيق عدة أغراض، فهو يشجع على التغيير إذا ما احتاج الأمر إلى ذلك للوقاية من مرض معد أو لمشكلة، ويقدم الدعم في أوقات الأزمات، ويقترح إجراءات واقعية يمكن ملاءمتها لأناس

مختلفين ولظروف مختلفة، ويساعدهم على تفهم المعلومات الخاصة بالحفاظ على التكيف الاجتماعي والتوافق النفسي.

إن الغرض الأساسي لجميع عمليات التدخل المهني للأخصائي الاجتماعي، وتقديم الدعم النفسي-الاجتماعي، مع أهمية التثقيف جنباً إلى جنب، ولا يستطيع الأخصائي الاجتماعي أن يحقق أغراضه في الوقاية والدعم، إلا إذا كانت وسائله متوافقة مع السلوكيات والعقائد السائدة والنظم والقيم، وكثيراً ما يمكن الحصول على وسيلة فعالة للتثقيف والدعم.

لذا على الأخصائي الاجتماعي أن يكون متفتحاً واسع الصدر في تعامله مع أناس من بيئات متباينة ومن ثقافات مختلفة وعلى استعداد لتعديل أساليبه في الاتصال لتتلاءم مع تلك الاعتبارات ومستوى فهم هؤلاء الذين يتعامل معهم، و أن يتعلم الأخصائي كذلك كيف يتناول موضوعات حساسة للغاية لا تناقش في العادة بين الأصدقاء المقربين أو حتى الأزواج، وبالنظر إلى طبيعة عملية التدخل المهني فإن الأخصائي الاجتماعي يتمتع بقوة لا يستهان بها للتأثير على حياة الآخرين، ويمكن استخدام هذه القوة بطريقة مثمرة أحيانا، ولكن يمكن أيضا إساءة استخدامها من خلال نصح الأفراد بتغيير سلوكياتهم بما يتعارض مع معتقداتهم أو من خلال محاولة إجبارهم على التغيير باستخدام اللوم أو السخرية. [1]

إن شكل عمل الأخصائي الاجتماعي في المدرسة على سبيل المثال يتحدد في مساعدة تلاميذ المدرسة على حل مشكلاتهم والتغلب على الصعوبات التي تواجههم وذلك لإزالة أية عوائق قد تعرقل التحصيل الدراسي للتلاميذ أو تمنع استفادتهم المناسبة من موارد وإمكانيات المدرسة، والهدف الأساسي من وراء ذلك العمل هو مساعدة الطلبة على القيام بأدوارهم الاجتماعية بطريقة طبيعية وسليمة، ومساعدة المدرسة على

---

(1) http://www.bafree.net/forum/archive/-19361.htm

تحقيق رسالتها في التربية وتعليم التلاميذ وإعدادهم للمستقبل وهو يعتمد في ذلك على خطة مهنية تتألف مما يلي:

1) وضع خطة العمل:

فكما آن التخطيط ضروري في جميع عمليات الحياة فهو كذلك بالنسبة لبرامج الخدمة الاجتماعية المدرسية التي توجه لمساعدة الطلاب والمدرسة في العملية التعليمية، ويتطلب ذلك من الأخصائي الاجتماعي الالتزامات التالية:

- الاستفادة من الأساليب العلمية والنظريات.
- الحرص على دقة التنفيذ وتجنب الإسراف وضياع الوقت.
- استخدام الموارد الإمكانيات.
- الاستفادة من جهود المدرسة والتلاميذ والأسرة والمجتمع.
- العمل على تحقيق الأهداف التي خطط لها.

ولكي يقوم الأخصائي الاجتماعي بوضع خطة لعمله المهني عليه أن يتبع الخطوات التالية:

- تحديد الهدف من الجهد الذي سوف يقوم به.
- القيام بحصر الموارد والإمكانيات.
- وضع التوقعات التي قد تنتج في حالة عدم تحقيق بعض الاحتياجات.
- التنسيق بين الموارد والإمكانيات المتاحة لإشباع الاحتياجات.
- وضع أولويات للمشكلات في عملية العلاج ووضع برنامج زمني لاستثمار الموارد والإمكانيات.

(2) تنفيذ البرامج:

ويعني ترجمة البرنامج إلى واقع محسوس في ضوء الخطة، ويكون الأخصائي الاجتماعي مسئولاً مسئولية مباشرة عنها، وهذا لا يعني أن يتولى جميع عمليات التنفيذ، حيث يستطيع أن يستعين بجهود بعض الآباء وبعض الخبراء والمختصين.

وتتطلب مرحلة التنفيذ توفير خدمات متعددة في النواحي التالية:

1) الناحية الوقائية:

وتعني وقاية الطلبة من الانحراف والصعوبات التي تواجههم في أداء واجباتهم التعليمية، والحرص على عمليات التوجيه السليمة، دينيا وأخلاقيا ونفسيا وصحيا واقتصاديا.

2) الناحية الإنشائية:

وتتضمن التنشئة الاجتماعية السليمة في ضوء ثقافة المجتمع، والالتزام بعاداته وتقاليده المقبولة اجتماعيا، من خلال الأنشطة اللاصفية بالمدرسة.

3) الناحية العلاجية:

وتتضمن تتبع حالات التلاميذ الذين تعرضوا لمشاكل اجتماعية لمعرفة الأسباب وراء حدوثها، ثم الاستفادة من إمكانيات المدرسة والأسرة والمجتمع في علاجها.

ويعتبر تنفيذ برنامج عمل الأخصائي الاجتماعي هو الحل العملي الذي يظهر كفاءته من حيث مستوى إعداده المهني وقدراته ومهاراته واستعداداته. فهو يقوم بتطبيق الطرق المهنية للخدمة الاجتماعية في ممارسة دوره في المدرسة لتحقيق الأهداف الوقائية والعلاجية، وتتعدد أدوار الأخصائي الاجتماعي في ممارسته العمل في المجال المدرسي.

3) عملية التقويم:

وهي معرفة المتغيرات التي حدثت أثناء وبعد تنفيذ البرنامج أو تحديد القيمة والفائدة التي استفيدت من هذه البرامج وتنفيذ عملية التقويم الأخصائي الاجتماعي من خلال تراكم الخبرات، إذ يستفيد من أخطائه في عمليات التنفيذ المستقبلية، وعملية التقويم مفيدة وميسورة إذا حصلت مباشرة بعد كل عملية تنفذ،حتى يتم التعرف على جوانب الخطأ، ومن ثم الحرص على التخلص منها في العمليات القادمة.

وهذا نموذج لخطة متابعة الطلاب ذوي التحصيل المتدني في المدارس:

نموذج خطة متابعة الطلاب ذوي التحصيل المتدني

للعام الدراسي 200/ 200

الأهداف:

1- إعداد خطة لمساعدة الطلاب متدني التحصيل على الاستفادة من العملية التعليمية.

2- إشراكهم في الأنشطة والمشاريع المدرسية.

3- تحسين مستوى مشاركتهم داخل الصف.

4- الاستفادة من خبرات المجتمع المدرسي.

أسباب تدني مستوى الطلاب:

قلة المهارات والقدرات. / قدرات تعليمية بطيئة.

الإهمال واللامبالاة /التأخير الصباحي والتسرب من الحصص بحجج متنوعة

عدم توفر الدافعية / المشاكل العائلية وقلة اهتمام أولياء الأمور

الغياب / الرسوب المتكرر وأثره النفسي على الطالب

خطة مساعدة الطلاب المتدني المستوى: [1]

م	الإجراء	المنفذون	نماذج ووسائل مستخدمة	التوقيت	المستفيدون
1	تحديد الطلاب متدني التحصيل	مدرسو الفصول	كشوف النتائج، امتحانات تحديد المستوى، ملاحظة الطلاب بالصف	سبتمبر 2007م	الطلبة
2	إعداد خطة عمل مهنية لمساعدة الطلاب حسب مستوياتهم في المقرر	أسرة المقرر	حصص تقوية/ أفلام/ شرائط/ عروض/ وسائل تعليمية متنوعة/ أوراق عمل/ بحث انترنت	سبتمبر 2006م	
3	التواصل مع أولياء الأمور	المعلمون	سجلات متابعة زيارات ولي الأمر/ اتصالات هاتفية	على مدار العام	
4	توجيه الطلاب ومحاولة رفع دافعيتهم	مدرس الفصل/ الاختصاصي الاجتماعي	حصص توجيه وإرشاد/ تحفيز بالطابور الصباحي/ رحلات خاصة	على مدار العام الدراسي	
5	استخدام موارد تقنية المعلومات في التدريس	مدرس أصف	دروس تعليمية للمادة من المواقع التربوية بالإنترنت	على مدار العام	
6	إدماجهم مع الطلاب المتقدمين علميا	أسرة المقرر	أوراق عمل تعاونية/ تدريبات على البحث في الانترنت	على مدار العام	
7	رفع التقارير إلى إدارة المدرسة	أسرة المقرر	تقارير رقمية وتحليله	بعد كل تقويم	
8	تقييم خطة العمل	فريق العمل	مناقشة السلبيات والإيجابيات وتطوير الأداء طبقاً للنتائج	بعد تحليل نتائج كل تقويم	

(1) انظر :

http://www.swmsa.com/forum/printthread.php?t=803

http://www.gulfkids.com/ar/index.php?action=show_art&artcat=21&id=513

http://www.swmsa.com/forum/showthread.php?t5712

مهارة استخدام أدوات تنظيم المجتمع

تسعى طريقة تنظيم المجتمع إلى تحقيق أهداف معينة، وأن تحقيق هذه الطريقة لأهدافها لـن يأتي فقط من الالتزام بالمبادئ المهنية وحدها، ولا من إتباع خطوات المنهج العلمي، بل لا بد من استخدام الأدوات السليمة، وهذه الأدوات هي التي تساعد الأخصائي الاجتماعي على التعرف على المشكلات التـي يعاني منها المجتمع، وبالتالي وضع لها الحلول المناسبة.

قد يلجأ الأخصائي الاجتماعي إلى استخدام أكثر من أداة في الموقف الواحد، حيـث إن كل أداة تناسب جانبا من جوانب الموقف. وبطبيعة الحال فإن لكل أداة مميزات وعيـوب، أو أن هنالك مواقف يصلح فيها استخدام وسائل معينة، في حين لا تصلح هذه الأدوات للاستخدام في مواقـف أخـرى، لـذا فلابـد من إلمام الأخصائي الاجتماعي لأدوات الطريقة والتدرب عـلى حسـن اسـتخدامها في المواقـف المختلفـة، ولا شك أن مهارة الأخصائي في استخدام أدوات الطريقة تتوقف إلى حد كبير على إعـداده المهني، وعـلى الخبرات التي يحصل عليها.

من أبرز أدوات طريقة تنظيم المجتمع اللجـان ،الاجتماعـات، المقـابلات، المناقشـات، الزيـارات، المؤتمرات، العلاقات العامة، التمويل، التسجيل، العرائض، والوسائل السمعية والبصرية.

اللجان:

وهي تساعد على التوصل إلى ما يلي:

1) روح التعـاون في المجتمـع وتفهـم المشـكلات التـي تعـترض المجتمـع والهيئـات والمؤسسـات الموجودة به.

2) تدريب الأفراد وإعدادهم لتحمل المسئوليات والقيام بدور قيادي في مجتمعهم.

3) المناقشات المستمرة حيث أن أعضائها يمثلون وجهات نظر مختلفة.

4) التفاعل بين أفراد المجمع مما يساعد على العمل المستمر بالمجتمع.

5) اقتناع المعارضين لنشاط الجهاز للاشتراك في المناقشات مما يؤدي إلى اقتناعهم وتدعيم ولاءهم لمجتمعهم.

6) تتيح فرص المشاركة في جميع خطوات العمل مما يؤكد ممارسة القيم الديمقراطية وجماعة القيادة.

وتهدف اللجان إلى الوصول إلى ما يلي:

1) اتخاذ القرارات المناسبة.

2) وضع التوصيات للبرامج والخطط. وتقديم المشورة إلى المدير المنفذ أو الهيئة.

3) الدراسة والبحث والاستطلاع.

4) متابعة البرامج وتقديم تقرير عنها.

5) الإشراف على المدير المنفذ أو الموظفين.

6) اختيار وتعيين الموظفين.

الاجتماعات:

من أهم الوسائل التي تستخدم في تنظيم المجتمع، والاجتماع عبارة عن اشتراك أكبر عدد ممكن من يمارسون أنشطة تنظيم المجتمع والمهتمين بها في لقاء لتحقيق غرض أو أكثر من أغراض تنظيم المجتمع، سواء بمقر جهاز تنظيم المجتمع أو خارجه، وذلك بهدف مناقشة الأمور التي تتعلق بممارسة مختلف الأنشطة والتوصل إلى قرارات واجبة التنفيذ، وللتوصل إلى قرارات تتعلق بوضع خطة العمل، أو رسم البرامج المطلوب تنفيذها، أو التنسيق بين جهود الهيئات والمؤسسات والجمعيات الموجودة في المجتمع، والاجتماعات هي أسلوب عمل اللجان وأسلوب عمل المؤتمرات والندوات.

فلكي تنجح الاجتماعات لا بد لها من مجموعة من الضمانات، يجب مراعاتها منها ما يلي:

1) التأكد من الإعداد المادي للاجتماع من حيث المكان، ومدى مناسبته لحجم اللجنة، وتوفير الأدوات اللازمة للاجتماع، حسب ظروف وطبيعة عمل اللجنة (أدوات كتابية، مسجلات، ميكروفون).

2) التأكد من إعداد جدول أعمال الاجتماع قبل الاجتماع بوقت كافي.

3) أن لا تترك المناقشة بين الأعضاء في الاجتماع بأن تتم بعيدا عـن جـداول الأعمـال، وألا تتفـرع إلى جزئيات ويتوه الهدف من الاجتماع.

4) ألا تطول فترة الاجتماع أو تقصر عن اللازم.

5) أن يرتبط كل اجتماع بما سبقه من اجتماعات.

6) أن تتم مراجعة القرارات للاجتماع، وتحديد مسئولية كل عضو في تنفيذها.

7) توجيه الدعوة إلى الاجتماع، موضحا بها مكان وموعد الاجتماع.

3) المقابلات: تستخدم المقابلات في كثير مـن المهن، أما في تنظيم المجتمع فتستخدم المقابلة بهدف توضيح فكرة، أو الحصول على البيانات التـي تسـاعد على التعرف على احتياجات المجتمع، أو لمساعدة ممثلي المؤسسات الاجتماعية على القيام بمهـامهم، وهـي وسيلة فعالة لكسب ثقة وتعاون القيادات الشعبية والتنفيذية والمهنية، الذين يمكن أن يسهموا في تحقيق أهداف تنظيم المجتمع.

ويستخدم الأخصائي الاجتماعي المقابلات بهدف توضيح فكرة ما، أو السعي لضم عضو جديد إلى جهاز تنظيم المجتمع، أو بهدف الحصول علـى البيانـات الخاصـة مـن بعـض الأفـراد، أو التـي تسـاعد علـى التعرف على احتياجات المجتمع وتفهم مشاكله وموارده، كما تستخدم في مسـاعدة ممثلي المؤسسـات لمساعدتهم على القيام بمسئولياتهم.

4) المناقشات:

إن المناقشة أسلوب لعرض وتناول وتحليل المواقف والمشكلات، بهدف التوصل إلى قرار أو إجراء حل بخصوصها، وهي أسلوب يستخدمه الأخصائي الاجتماعـي في الاجتماعـات والمؤتمرات مـع الجماعات واللجان.

ب) محتويات المناقشة:

1) عرض الموضوعات أو المشكلات أو المواقف موضوع المناقشة.

2) الاتفاق على تحديدها وتعريفها.

3) مناقشتها وتحليلها وتوضيح العلاقات بين مختلف الأسباب.

4) تشجيع المشتركين على تقديم المقترحات.

5) الاتفاق على توصيات أو مقترحات معينة.

6) الاتفاق على طرق تنفيذ ما أمكن التوصل إليه.

يتمثل دور الأخصائي الاجتماعي في المناقشة بما يلي:

1) تهيئة المناخ الديمقراطي للمناقشة.

2) أن يحفز الأعضاء للاشتراك في المناقشة.

3) أن يقدم بعض البيانات والمعلومات.

4) تدريب قائد المناقشة.

5) توزيع المسئوليات حسب رغبات الأفراد.

6) الاهتمام بالمتابعة والتقييم. [1]

---

(1) أنظر:

- رشاد أحمد عبد النطيف، نماذج ومهارات طريقة تنظيم المجتمع في الخدمة الاجتماعية (مدخل متكامل).
- محمد صبري فؤاد النمر، طريقة العمل مع الأفراد العمليات والمجالات، الإسكندرية: المكتب العلمي للكمبيوتر والنشر والتوزيع.
- جلال الدين الغزاوي، مهارات الممارسة في العمل الاجتماعي، مكتبة ومطبعة الإشعاع الفنية عام2000.
- نبيل محمد صادق: تنظيم المجتمع في الخدمة الاجتماعية، مدخل أسلامي، القاهرة، (دار الثقافة للطباعة والنشر).

مهارة إعداد برامج الجماعات

يعتبر البرنامج في العمل مع الجماعات من الأدوات الهامة التي يستخدمها الأخصائي الاجتماعي، لمساعدة الأعضاء على النمو، حيث أن البرنامج يتيح للأعضاء أن يتعلموا أو يمارسوا الأدوار الاجتماعية، التي تترابط وتتكامل فيما بينها، من أجل تحقيق الأهداف التي تسعى الجماعة لتحقيقها. ويقوم أخصائي الجماعة بعملية التدخل المهني منذ بداية عملية وضع تصميم البرنامج، حتى الوصول إلى عملية التقويم.
(1)

إن الاستخدام الأمثل للبرنامج، هو أساس لاستخدام كل قوى الجماعة البناءة في التفاعل الاجتماعي وفي تكوين البصيرة، كما يتيح البرنامج للأعضاء أن يتعلموا أو يمارسوا الأدوار الاجتماعية، وبالتالي تتحقق أدوار الجماعة وأهدافها وأغراضها، وأنشطة الجماعة يجب أن تعتمد على المعايير المتمشية مع أهداف الجماعة وأثرها على سلوك الأعضاء، ومن خلال تحليل الوسائل التي يشترك فيها الأعضاء في الأنشطة يتبادل الأعضاء المساعدة، كما أن اقتراح بعض الأنشطة يساعد الأعضاء في تقوية ذاتهم، والوصول إلى رغباتهم وحاجاتهم. (2)

إن الأساس الذي يبنى عليه أي برنامج، يختلف باختلاف الهدف الذي ينبغي تحقيقه من وراء هذا البرنامج، والهدف الاجتماعي العام من تنظيم البرنامج هو إبراز شخصية الفرد، ليصبح مواطنا اجتماعيا صالحا، عن طريق نشاط حر منظم يقوم به في وقت فراغه.

وتشمل الأهداف التي ينبغي أن تحققها البرامج ما يلي:

1- ضمان اشتراك أكبر عدد من الأفراد في أوجه النشاط ، حتى لا تقتصر الفائدة على عدد قليل من الأعضاء، وهكذا يمكن قياس أي برنامج ناجح بمدى إقبال الأفراد على الاشتراك فيه.

(1) السيد عبد الرحمن عطية، مرجع سبق ذكره 224.
(2) عادل حطاب، أنيس عبد الملك، برامج الجماعات، مرجع سبق ذكره ، ص10-15.

2- ضمان تحقيق أكبر فائدة ممكنة بأقل مجهود مبذول، وأقل تكاليف ممكنة وأقصر ـ وقت مستطاع، كذلك مراعاة تحقيق فوائد عاجلة، لأن العضو في مرحلة المراهقة بالذات، لا يمكن أن يصبر على البرامج الطويلة الأمد أو الانتظار طويلا، حتى يجني فائدة معينة.

3- إتاحة الفرصة لكل فرد لكي يروح عن نفسه بالتنفيس عن الرغبات المكبوتة، ويعتبر هذا هدفاً وقائياً هاما ضد الانحراف وسوء التكيف الناتجين عن أنواع الصراع النفسي.

4- تهيئة الفرصة لاكتشاف القدرات الخاصة والاستعدادات والمهارات الخبيئة عند الأفراد لإمكان تنميتها وتشجيعها، وينبغي ألا يفهم أننا نعني الاكتفاء بعدد محدود من الأعضاء يقال عنهم أصحاب الخبرات والكفايات ونهمل أمر الآخرين، فكل إنسان فيه ناحية أو أكثر من نواحي الامتياز، ومهمتنا إتاحة الفرصة له ليكتشف نفسه ومعرفة نواحي القدرة فيه، فنعمل على صقل قدراته مهاراته.

5- تنمية الهوايات الموجودة لدى الشباب، وخلق هوايات جديدة، وتوسيع آفاقهم الفكرية والعملية.

6- إتاحة الفرصة لتدريب الشباب على ممارسة فن الحياة، فتعينه على اكتشاف المرونة اللازمة ،التي تساعده على التكيف في الحياة الاجتماعية وعلى تكوين العلاقات، وينبغي التفرقة بين الاعتماد على النفس والانطواء، وبين التعاون والاتكالية, التي لا تكتسب بالتلقين، ولكن بالممارسة العملية في جميع مراحل العمر.

ويتوخى من الأخصائي الاجتماعي أن يكون على وعي بالجماعة التي يعمل معها من حيث خبراتها السابقة وحاجات أعضائها، وأن يوفر الجو الذي يسمح للأعضاء

بالتعبير عن أنفسهم، وتحويل الرغبات والحاجات إلى واقع، وتتوقف مهارة الأخصائي في مساعدة الجماعة على تخطيط برامجها على بعض العوامل منها:

أ- مستوى الأعمار: فصغار السن أو الأطفال في المرحلة المبكرة في حاجة إلى من يساعدهم في تقديم واقتراح البرامج، ويترك لهم الاختيار والمفاضلة، ونظرا لمعرفة الأخصائي بحاجات ومطالب النمو في هذه المرحلة، يستطيع أن يعرض من البرامج التي تتفق مع هذه الحاجات. أما الأطفال في مرحلة الطفولة المتأخرة فقد اكتسبوا بعض الخبرات التي تمكنهم من استخدامها في اختيار البرامج، مع نقص خبراتهم في اتخاذ القرارات المتعلقة بالتخطيط ، وعادة ما يشعر الأعضاء في مرحلة المراهقة باتجاهات نحو التحرر والرغبة في الاستقلال وتحمل المسئولية، ويقوم الأخصائي بمساعدتهم في التخطيط واتخاذ القرارات. أما الشباب فهم أكثر نضجا ويتمتعون بقدرات تمكنهم من تخطيط وتنفيذ البرامج، يجب أن نضع في الاعتبار أن معيار العمل ليس المؤشر الوحيد لمدى تدخل الأخصائي في مساعدة الجماعة على تخطيط برامجها.

ب- المستوى العقلي: تختلف المساعدة التي يقدمها الأخصائي حسب المستوى العقلي للأعضاء، ويحتاج العمل مع الجماعات التي تضم ضعاف العقول إلي تدخل مستمر من الأخصائي بعرض البرامج المختلفة، التي يشعر أنه تتفق وقدراتهم العقلية، وتتناسب محتوياتها مع جوانب النمو الشخصي والاجتماعي للأعضاء.

ت- مرحلة نمو الجماعة: يقوم الأخصائي بتقديم مساعدته في ضوء مرحلة النمو التي حققتها الجماعة، ولهذا يتحدد نشاطه ومدى تدخله، فهو المسئول بصورة كلية على تخطيط البرامج في مرحلة معينة. وفي مراحل أخرى يتدخل بالتنبيه أو الاستثارة، وفي مرحلة تالية بوجه أو يعلم. وبصفة عامة عليه مساعدة الجماعة على تنمية القدرة على ممارسة الحياة الاجتماعية، واتخاذ القرارات الخاصة بالبرامج.

ث- طبيعة الجماعة: تفرض طبيعة الجماعة ونوعية الأعضاء الأسلوب الذي يستخدمه الأخصائي في المساعدة، فالجماعات التي تتكون من مرضى المستشفيات تحتاج إلى تدخل الأخصائي واقتراحاته حول البرنامج، وتحمل الجزء الأكبر في عملية التخطيط، نتيجة عدم ثبات واستمرار العضوية في الجماعة لخروج البعض وانضمام البعض. وتحتاج الجماعات التي تضم الأحداث المنحرفين، إلى توفير البرامج التي تشبع رغبات وحاجات الأعضاء من ناحية، وتختلف من التوتر والقلق والسلوك العدواني من ناحية أخرى، وتبدو مهارة الأخصائي في مساعدة هذه الجماعة، على إعداد برامج تحقق الأهداف في تكاملها. [1]

ومن المهارات التي يتوقع من الأخصائي الاجتماعي إتقانها لمساعدة الجماعة على تخطيط برامجها، المهارات التالية:

1- مساعدة الجماعة على اكتشاف حاجاتها ورغباتها.

2- مساعدة الأعضاء على إدراك قدراتهم وإمكانياتهم، حتى لا يؤدي الطموح الزائد للأعضاء إلى وضع برامج تفوق إمكانياتهم، ويؤدي فشل التنفيذ إلى ردود فعل سلبية.

3- مساعدة الجماعة على اكتساب العمل الجماعي في المناقشة واتخاذ القرار، حيث توفر عملية تخطيط البرنامج مجالات متعددة للمناقشات، وعرض الآراء واختيار البدائل واتخاذ القرارات.

5- مساعدة الأعضاء على تحمل مسئولية ما يتخذ من قرارات متعلقة بالبرنامج، ويحتاج الأمر إلى مساعدة الجماعة على استكمال بنائها التنظيمي، الذي يسهل توزيع المسئوليات وتحديد الأدوار وتنسيق الجهود.

(1) محمد شمس الدين. أصول العمل مع الجماعات، مرجع سبق ذكره، ص290-291.

5- مساعدة الأعضاء على اكتساب المهارات الناجمة عن ممارسة عمليات تخطيط وتنفيذ البرامج.

6- مساعدة الجماعة على تخطي العقبات ومواجهة الصعوبات، التي قد تفرضها إمكانيات أو مـوارد المؤسسة أو المجتمع المحلي، مع استخدام الموارد المتاحة أو التي يمكن توفيرها.

و يستخدم الأخصائي الاجتماعي للتعرف على احتياجات الأعضاء مـن بـرامج الجماعـة، عـددا مـن الوسـائل منها:

أ) الملاحظة   (ب) المقابلة الشخصية

ج) الاستفتاءات   (د) الاتصال بالمصادر [1]

---

(1) غريب سيد أحمد، المدخل لدراسة الجماعات الاجتماعية، ص165.

خامساً: مهارة التشخيص

عرفت ماري ريتشموند التشخيص الاجتماعي بأنه محاولة الوصول إلى التحديد الدقيق بقدر الإمكان للموقف الاجتماعي وشخصية الفرد. وعرف عبد الفتاح عثمان التشخيص بأنه تحديد لطبيعة المشكلة ونوعيتها الخاصة مع محاولة عملية تفسير أسبابها بصورة توضح أكثر العوامل طواعية للعلاج، وهو يمر بخطوات موضوعية تتطلب مهارات لإتقانها وصولاً إلى التشخيص النهائي، تتمثل بما يلي:

1- الإدراك العام لحقائق المشكلة:

أي الإدراك الكلي لحقائق المشكلة بصورة مبدئية، من خلال مراجعة بيانات استمارة البحث الاجتماعي، ومراجعة تسجيل المقابلات التي تمت مع صاحب الحالة، ومراجعة الأفكار التشخيصية التي سجلت بعد كل مقابلة.

2- حصر وتحليل وتقويم حقائق المشكلة:

أي حصر حقائق المشكلة ثم تحليلها وتقويمها لقياس مدى انحراف كل عامل من هذه العوامل عن المتوسط، وبهذا الحصر يجتمع وحدتان أساسيتان، وهما السمات الشخصية لصاحب الحالة والأوضاع البيئية المحيطة، وتقييم كل منهما تقييماً محدداً، يقيس مدى انحراف كل سمة عن المتوسط العام العادي لهذه السمة.

3- تفسير وصياغة التفاعل بين العوامل:

أي البحث عن الكيفية التي تفاعلت بها هذه الحقائق، وأدت إلى الموقف الإشكالي بالاتجاهين الرأسي والأفقي كما يلي:

أ. التفاعل الرأسي:

أي كيفية تفاعل العوامل السابقة في الماضي، والتي أدت إلى نشوء العوامل الحالية نفسها، ويشمل التاريخ التطوري لصاحب الحالة والتاريخ التطوري للمواقف المختلفة، ويستخدم خاصة في حالات الانحرافات السلوكية والاضطرابات السلوكية والاضطرابات النفسية والعلاقات الأسرية.

ب. التفاعل الأفقي:

أي التفاعل الذي حدث بين العوامل الجاهزة، وأدت مباشرة إلى حدوث الموقف الإشكالي، دون الحاجة إلى التعامل مع الماضي للكشف عن أسباب نشوء هذه العوامل الحالية نفسها، ويستخدم هذا الأسلوب في الكثير من المشكلات الاقتصادية والاجتماعية.

ج. صياغة التفاعل:

أي توضيح كيفية تفاعل هذه العوامل المنتقاة وأثرها المتبادل، حتى أدت إلى الموقف الإشكالي، ويعتمد انتقاء العوامل على عدة اعتبارات رئيسية، وهي السببية النسبية والعلاقة الجبرية وانتقاء الأحوال والعوامل يمكن علاجها. وتعتمد صياغة التشخيص على تسلسل الأحداث تسلسلاً زمنياً ومنطقياً، و على تفسير الأثر المتبادل بين العوامل.

تحديد مناطق العلاج:

وهي تحديد الخطوط العريضة لاتجاهات العلاج على ضوء ما كشفه تفسير المشكلة، أي التحديد الدقيق للجوانب الواجب علاجها أو التأثير فيها، وتحديد مناطق القوة التي يجب استثمارها، ومناطق الضعف التي يتعين مواجهتها في حدود إمكانيات المؤسسة، مع توضيح درجة الخطورة في الموقف، والتي تتطلب إجراء عاجلاً أو اتجاهات علاجية بعيدة المدى.

الصياغة النهائية للتشخيص:

وهي الخطوة الأخيرة لوضع العبارة التشخيصية التي يراعى فيها ما يلي:

1- أن تعرض مكونات التشخيص، ومدى مناسبتها للخدمات العملية للمؤسسة، فقد يكون صياغته إكلينيكية أو بيئية أو متكاملة.

2- أن تكون واضحة المعاني محددة المعالم بسيطة الأسلوب.

3- أن تكون وحدة عقلية مترابطة، وليس سرداً متناثراً أو مجرد تكرار للتاريخ الاجتماعي.

4- أن تتسم بالعمومية والتجريد، ولكنها صياغة تحدد فردية الحالة بظروفها الخاصة.

5- أن يصاغ تفسير المشكلة صياغة احتمالية، حيث أنه من الممكن أن تظهر حقائق جديدة متعلقـة بالموقف.

أنواع الصياغات:

يمكن أن يكون التشخيص على نوعين، هما:

أ. الصياغة العاملية:

و فيها تسلسل العوامل والأسباب، وما أدت إليه من وقائع وأعراض في تسلسل زمني منطقـي في هيئة نقاط، وتحديد العوامل والأسباب عامة، أو فصلها إلى عوامل ذاتية وبيئية.

ب. العبارة التشخيصية:

وهي سرد للوقائع والمشكلة في صيغة قصصية، توضح العوامـل والأسباب وتفاعلهـا في شكل تسلسل منطقي يوضح العلاقة بينها ويصاغ بطريقة احتمالية، من ثلاثة أجزاء رئيسية هي:

الجزء الأول: يتضمن البيانات الأولية والتصنيفات المختلفة للحالة.

الجزء الثاني: يتضمن تفاعل العوامل والأسباب مرتبة ترتيباً زمنياً مناسباً، ليكون في نهاية الجزء الصورة الواضحة عن المشكلة وكيفية حدوثها.

الجزء الثالث: يوضح مناطق القوة والضعف في شخصية صاحب العمل وبيئته، كذلك الاتجاهات الرئيسية للعلاج.

وتتطلب مهارة التشخيص وإجراءاته من الأخصائي الاجتماعي ما يلي:

1- الدراسة الدقيقة الواعدة:

لكي تكون عملية التشخيص دقيقة لا بد أن تعتمد على دراسة واعية للموقف الإشكالي، واللجوء إلى مصادر متنوعة، والتركيز على أداء صاحب الحالة في المشكلة.

2- الإطلاع والخبرة:

بما أن عملية التشخيص عملية عقلية تعتمد بشكل كبير على مهارة الأخصائي الاجتماعي وخبراته المهنية ومداومته على الإطلاع، حيث يبدأ الأخصائي منذ الوهلة الأولى بما يسمى بالأفكار التشخيصية أو الفروض، التي يحاول الأخصائي التأكد منها من خلال جمع المعلومات.

3- الموضوعية:

بما أن آراء واتجاهات الأخصائي الاجتماعي الشخصية، قد تؤثر في عملية التشخيص أو عند تقييم الحقائق والمعلومات، ولذلك على الأخصائي أن يكون واعياً لأي تحيزات شخصية ومبتعداً عنها تماماً.

4- ارتباط التشخيص بوظيفته وأهداف المؤسسة:

على الأخصائي الاجتماعي أن يراعي أهداف المؤسسة التي يعمل بها ووظيفتها، ويحدد العوامل التي لها اتصال وثيق بالمؤسسة، والتي تمكنه من مساعدة صاحب الحالة وتقديم المساعدة من خلال المؤسسة. [1]

_____

(1) أنظر:

1- أميرة منصور يونس علي – طريقة الخدمة الفرد والعمليات والمجالات النوعية – دار المعرفة الجامعية –، الإسكندرية، 1996.

2- جمال شكري محمد عثمان – الاتجاهات المعاصرة في خدمة الفرد بين النظرية والتطبيق–، دار الحكمة للطباعة والنشر، القاهرة 1994.

3- محمد صالح بهجت، عمليات خدمة الفرد – المكتب الجامعي الحديث، الإسكندرية، 1985.

سادساً: مهارة التقييم

ينصب التقييم على البرنامج وعلى فترات معينة ومتتابعة خلال التنفيذ، ولكن هذا لا يعني أن التقييم لا يؤثر في تكييف الأهداف، بل يعني أن التأثير يتم بصورة غير مباشرة، كما يشير البعض إلى التقييم باعتباره تحديد القيمة الفعلية للجهود التي تبذل، وقياس مدى قربها أو بعدها عن تحقيق الهدف أو الأهداف المقصودة.

فالتقييم في طرق الخدمة الاجتماعية يسعى إلى تحقيق ما يلي:

1- الوقوف على الأغراض التي نحاول تحقيقها بالنسبة للأغراض الكثيرة الملقاة على عاتق ميدان الخدمة الاجتماعية.

2- معرفة اتجاه الجهود التي تقوم بها، وهل تسير في اتجاهات متوازية لاتجاهات الجهود التربوية الاجتماعية والأهداف المشتركة.

3- الوقوف على مدى ما حققته الجهود من الأغراض المراد تحقيقها.

4- فحص الأساليب التي تستخدم وتماشيها مع التطور الدائم لفلسفة طرق الخدمة الاجتماعية.

5- معرفة النتائج وهل تتناسب مع الجهود والأحوال التي بذلت في الخدمات التي قدمت.

6- تحديد مدى أحداث وتوجيه التغيرات المرغوب فيها، والتي تؤدي إلى النمو وتحقيق الأهداف الاجتماعية المبتغاة.

7- قياس مدى نجاح الأخصائي الاجتماعي في تحرير عمره المهني من وجهات نظره الذاتية، كذلك التعرف على مستواه المهني بصورة واقعية تمكنه من تحديد ما

ينقصه من معرفة ومهارات، وما وقع فيه من أخطاء ليعمل على رفع مستواه المهني وتجنب الأخطاء في المستقبل.

ويستخدم الأخصائي الاجتماعي مهارة التقويم عند تطبيقه الطرق المهنية مع الأفراد والجماعات والمجتمعات، وذلك على النحو التالي:

أولا: التقييم في طريقة خدمة الفرد:

فالتقييم في خدمة الفرد هي أحد المهارات في علاج المشكلة الفردية، حيث لا ترجع المشكلة الفردية إلى سبب واحد، ولكنها ترجع إلى مجموعة من الأسباب التي تلعب أدوار متفاوتة الأهمية في إحداث المشكلة، ومن الضروري أن يتناسب الجهد العلاجي المبذول نحو كل من هذه الأسباب مع ما له من أهمية في إحداث المشكلة، ونظرا لافتقاد خدمة الفرد في الوقت الحاضر إلى مقاييس كمية يستعين بها الأخصائي الاجتماعي في تحديد حجم إسهام كل سبب من الأسباب في إحداث المشكلة، لذلك فالتقييم غالباً ما يأخذ شكل الترتيب التنازلي للعوامل، حسب أهميتها في إحداث المشكلة طبقاً لتقدير الأخصائي الاجتماعي.

ثانيا: التقييم في طريقة خدمة الجماعة:

حيث يبين مبدأ التقييم المستمر أثر العناية البالغة بالسجلات والتقارير التي ندونها عن نشاط الجماعة. فهذه السجلات هي الأدلة التي يجب الوقوف عليها إذا ما أردنا أن نحكم حكما عادلا على مدى ما حققنا من أهداف.

فالتقييم في خدمة الجماعة هو تحديد القيمة الفعلية للتغيرات، التي تصاحب الجهود التي تبذل في النواحي التي تتعلق بالعمل مع الجماعات، وذلك للوقوف على مدى النجاح أو الفشل الذي تحقق في العمل مع الجماعة، وتشمل عملية التقييم الأخصائي والمؤسسة والبرنامج والأعضاء، ويستخدم في ذلك التقارير والسجلات المختلفة التي يقوم الأخصائي بكتابتها أثناء عمله مع الجماعة.

لذا يتوخى أن يتميز الأخصائي بالقدرة على تسجيل عمليات النمو المختلفة التي يلاحظها أثناء عمله مع الجماعة بصفة دورية منتظمة، كما ينبغي أن يكون الأخصائي ماهراً في استخدام السجلات والتقارير في مساعدة الجماعة على تقديم خبراتها كوسيلة لدفعها نحو التطور والنمو.

كما أن المهارة المهنية تتضمن قيام الأخصائي شعوريا بتطبيق مجموعة من المعارف والمبادئ والمفاهيم والتي تناول الأفراد الجماعات في مواقف محدودة بحيث يستطيع تحقيق التغير والنمو للأفراد والجماعة.

ثالثا: التقييم في طريق تنظيم المجتمع:

يركز التقييم في العمل مع المجتمع على الكشف عن مدى تأثير جهود الخدمة الاجتماعية في إحداث التغيير المرغوب في اتجاهات الناس وإنجازاتهم التنموية في مجتمعهم، سواء كانت جهودهم تطوعاً أو تبرعاً، وسواء كانت إنجازاتهم مادية أو معنوية، والتي من شأنها رفع مستوى الحياة، والاعتماد على الجهد الجماعي، وتحقيق التحديث، وممارسة المسئولية الاجتماعي بأعلى وتيرة، وتحقيق المشاركة من أجل تنمية المجتمع وتنظيم الجهود فيه، كما يشمل هذا النوع من التقييم، الكشف عن مدى تجاوب الأهالي مع الأخصائيين الاجتماعيين، ومدى نجاح هؤلاء الأخصائيين الاجتماعيين في إحداث التأثير في نفوس الأهالي، لتحقق بالتالي أهداف برامج التنمية والتنظيم في مجتمعهم.

وتركز مهارة التقييم على النقاط التالية:

1- إحداث تغيير وتحسين ألوان الخدمات التي تقدم للفرد في الجماعة.

2- الكشف عن ميول الفرد ومعرفة قدراته ومعاونته على إشباع رغباته عن طريق العمل مع الجماعات، حتى يوجه سلوكه وتصرفه توجيها اجتماعيا سليما.

3- تحسين مركز الفرد وتمكينه من التعبير الصحيح عن نفسه، وشعوره بكيانه وتكوين شخصيته.

4- التعرف على المعوقات والصعوبات، التي يتعرض لها الفرد في الجماعة، وتجعله غير قادر على الاندماج فيها.

5- ارتباط الجماعة كوحدة متجانسة، نتيجة للعلاقات القوية المستمرة المتبادلة بين أعضائها.

6- الوقوف على مستويات نمو الجماعة، والظروف المتغيرة للجماعة والمجتمع.

7- اتفاق البرامج التي تضعها الجماعة مع رغبات واحتياجات أعضائها.

8- تحسين العلاقة بين الجماعة والجماعات والهيئات الأخرى في المجتمع.

9- قياس ومعرفة مدى نمو الأخصائي الاجتماعي وتغييره بما يناسب ظروف العمل واحتياجاته.

10- تهيئة الجو الملائم للأخصائي الاجتماعي للتعرف على موقفه من الجماعة وموقف الجماعة منه، ومدى تقبلها له واستعدادها للتعاون معه.

11- تمكين الأخصائي الاجتماعي من متابعة نشاط جماعته وتقدمها، وتحسين الوسائل التي يستخدمها معها، حتى يهيئ لها استمرار النمو والتقدم.

12- تحسين أنواع الخدمات المختلفة التي تعين المؤسسة على التقدم.

13- الوقوف على العوامل المختلفة التي تعيق تقدم الجماعة

إن التقويم في طرق الخدمة الاجتماعية ما هو إلا قياس لمدى صلاحية الأساليب التي استخدمها الأخصائي الاجتماعي في العمل، وفي ضوء ما تسفر عنه نتائج التقييم

يتسنى للأخصائي الاجتماعي أن يضع خطة عمله للفترات المقبلة أو الاستمرار في خطته السـابقة، مع تطويرها أو تعديلها، أو العدول عنها ووضع خطة جديدة. [1]

(1) أنظر:

1-   بهجت، محمد: المدخل في العمل مع الجماعات، الإسكندرية، المكتب الجامعي الحديث، 1985م.

2-   عفيفي، عبد الخالق: تنظيم المجتمع أدوار ونماذج الممارسة، الإسكندرية، 1993م.

3-   فهمي، محمد: أسس الخدمة الاجتماعية، الإسكندرية، المكتب الجامعي الحديث، ط1، 1998م.

4-   فتصوة، عوني: مدخل إلى الخدمة الاجتماعية، القاهرة، دار الثقافة للنشر والتوزيع، 1416هـ/1996م.

5-   مرعى، إبراهيم: الإشراف في الخدمة الاجتماعية، الإسكندرية، نور الأيمان للطباعة، لا ط، لا ت.

الفصل الخامس

مهـــارات تدعيمية

أولا: مهارة التسجيل

إن التسجيل أسلوب مهني يقوم به الأخصائي الاجتماعي لتدوين المعلومات والخطوات المهنية. إذ أنه وسيلة لإثبات الحقائق والمعلومات وحفظها لأغراض خاصة تختلف حسب الظروف، كما أنه عمل فني يعتمد إلى حد كبير على مهارة الأخصائي، على أساس يهدف إلى فهم وتوضيح ما يمكن أن يصل إليه الأخصائي من نتائج الممارسة، ويعتمد على الدقة والأمانة.

ويقوم الأخصائي الاجتماعي بتسجيل ما يلاحظه أثناء مقابلته لأصحاب الحالات الفردية وأثناء اجتماعه بالجماعات ولقائه بأهالي المجتمعات. وتسجيل الملاحظات يعود بالفائدة في العمل المهني، إذ أنها تسمح بتسجيل السلوك وقت حدوثه وفي الحال. كما أنها تسجل السلوك التلقائي، ولا تترك المجال للاعتماد على الذاكرة، وقد تخدع أو تعجز الحواس مثل الانتباه وبصر ـ وإحساس والإدراك من تذكر المعلومات والبيانات المعقدة، لذلك يقوم الأخصائي من تسجيلها.

كثيراً ما يقوم الأفراد بأنماط من السلوك دون تفكير، ويسجلها الأخصائي الاجتماعي في دفتر المعلومات، حتى يقوم بتفسيرها، واستنتاج سلوك الفرد على أساسها بعد انتهائه من المقابلة.

ضمانات التسجيل:

يحتاج التسجيل إلى جملة من الأمور التي تضمن نجاحه و جدواه في إتمام عملية المساعدة، تتمثل فيما يلي:

- خبرة الأخصائي الاجتماعي بالظاهرة الملاحظة، حيث يجب أن تكون الملاحظة على دراية تامة بالموضوع الذي يلاحظه، وهذه الخبرة تكتسب من المعرفة

المتكاملة لكل جوانب الظاهرة المبحوثة، لأن هذه المعرفة هي التي سوف تجعل لإحساسه أثناء الملاحظة معنى.

- استخدام الأخصائي الاجتماعي لحواسه في الملاحظة سواء بالتدريب الجيد أو بالاستعانة بعدد من الأدوات المصممة بشكل جيد، والتي تساعد على زيادة كفاءة الملاحظة وعلى ما يستخلص عنها من بيانات.

- القيام بالتسجيل الفوري أو المتزامن لكل البيانات الملاحظة، على أن يتسم بالدقة باحتوائه على مختلف التفاصيل، بحيث يغطي كل الجوانب الملاحظة أثناء المقابلة.

- عدم القيام بالتسجيل أثناء المقابلة، إلا في حالة تسجيل العبارات المعقدة والمصطلحات العامة التي يصعب تذكرها بعد انتهاءه من المقابلة.

تسجيل اللقاء الفردي:

يترتب على الأخصائي تسجيل ملاحظاته وما دار في اللقاء ويشتمل على:

1- ملاحظات الأخصائي عن صاحب الحالة وتصرفاته في اللقاء.

2- مظاهر التغير التي تظهر على صاحب الحالة.

3- السلوكيات التي تزعج صاحب الحالة في حياته.

4- ما دار من مناقشة حول خبرات صاحب الحالة.

5- المواقف والمشكلات التي يناقشها الأخصائي مع صاحبها والتوصل إلى حل بشأنها

6- مناقشة نوع المساعدات التي تحتاجها الحالة، والتي يستطيع الأخصائي تقديمها له.

تسجيل تصرفات الأخصائي أثناء اجتماع الجماعة:

هناك بعض المواقف التي تقضي من المشرف حضور اجتماعات الجماعة مع الأخصائي الاجتماعي، فقد يطلب الأخصائي من المشرف ذلك، أو قد يرى المشرف أن زيارته للجماعة ضرورية، لأنها تساعد الأخصائي في حل بعض المواقف التي لا يستطيع حلها بنفسه، ولكن على المشرف أن يراعي مجموعة من الجوانب أثناء وجود الأخصائي في اجتماع الجماعة، نبينها على النحو التالي:

- دراسة الجماعة التي سيحضر اجتماعها، من حيث تكوينها وبناءها وأهدافها ومراجعة تقارير الجماعة التي كتبها الأخصائي، حتى يمكنه الوقوف على الجوانب التي يمكن أن يساعد فيها

- تحديد الأهداف التي يرغب الوصول إليها من الاجتماع مع الجماعة.

- دراسة الأخصائي من حيث شخصيته وإمكانياته وقدراته ومهاراته وأهدافه.

- الاتفاق مع الأخصائي على ميعاد الاجتماع حتى يمكن أن يستعد له كل منهما.

و من الموضوعات التي يلاحظها المشرف في الاجتماع ما يلي:

- حضور الأعضاء، ومن الذي يحضر أولا ومن الذي يحضر ـ مع زملائه، ومن الذي يتحدث مع الأخصائي واستجابة الأخصائي له، وهل قام الأخصائي بإعداد ما تحتاجه الجماعة من أدوات أو خامات.

- مرحلة النمو التي تمر بها الجماعة، وما هي الدلائل التي تجعل الجماعة تمر بهذه المرحلة من النمو.

- أسلوب التفاعل بين أعضاء الجماعة بعضهم وبعض وبينهم وبين الأخصائي.

- نوع العلاقات بين الأعضاء وبينهم وبين الأخصائي.

- أسلوب تدخل الأخصائي في موقف الجماعة.

- نمط التفاعل المستخدم في حياة الجماعة،و القيادات الموجودة في الجماعة.

- البرامج والأنشطة التي تمارسها الجماعة.

- بعض أنماط سلوك معينة مثل النبذ والتقبل.

وفي بعض الأحيان يستخدم المشرفون أدوات مختلفة أثناء قيامهم بالملاحظة في اجتماعات الجماعة ومن بين هذه الأدوات استمارة الملاحظة، التي سنضع نموذج لها فيما يلي:

استمارة ملاحظة مشرف أثناء اجتماع الجماعة

البيانات الأولية:

اسم الأخصائي، اسم المؤسسة، اسم الجماعة، عدد أعضائها، عدد الحاضرين والغائبين، وأسمائهم، مدة ملاحظة من .... إلى.

أولا: الأمور التنظيمية:	ضعيف	مقبول	جيد
1. اختيار مكان النشاط			
2. تحضير المواد والمعدات			
3. طريقة استخدام المواد والمعدات			
4. أسلوب توزيع الأعضاء حسب النشاط			
5. تسلسل النشاطات			
6. مرونة التوقيت			

ملاحظات المشرف:

1- ....

2- ....

3- ....

ثانيا: البرنامج:	ضعيف	مقبول	جيد
1- ملاءمة البرنامج لحاجات الأعضاء وميولهم			
2- اشتراك الأعضاء في مختلف النشاطات			
3- تقبل الأعضاء للبرنامج			

4-   مساعدة الأعضاء للمساهمة في تصميم البرنامج

5-   تميز البرنامج بالمرونة ومواجهة المواقف الطارئة

6-   استغلال الموارد والمعدات

ثالثا: التفاعل بين الأعضاء: ضعيف   مقبول   جيد

1-   وضوح الأهداف بين الأعضاء

2-   شعور الأعضاء بالانتماء

3-   شعور الأعضاء بالأمن

4-   قيام الجماعة بالضبط الاجتماعي

5-   المبادرة وتحمل المسئولية في الجماعة

6-   تقبل الأعضاء لبعضهم البعض

ملاحظات المشرف:

1-   ....

2-   ....

3-   ....

رابعا: أسلوب الأخصائي مع الجماعة: ضعيف   مقبول   جيد

1-   يعرف الأعضاء ويساعدهم لاكتساب المهارات

2-   يساعد الأعضاء في المحافظة على الخامات والأدوات

3-   مساعدة الجماعة على اتخاذ قراراتها

4-   مساعدة الجماعة في التخطيط لبرامجها

5- مساعدة الجماعة في تنفيذ برامجها

6- مساعدة الجماعة في تقويم أنشطتها

7- معرفته لحاجات الأعضاء

8- تقبله الأعضاء والجماعة

9- قدرته على التدخل في موقف الجماعة

ملاحظات المشرف:

1- ....

2- ....

3- .... (1)

---

(1) أنظر:

- محمد سلامة محمد غباري وسلوى عثمان: أساسيات خدمة الفرد: ، دار المعرفة الجامعية، 2005.

- عبد الفتاح عثمان و عبد الكريم العفيفي معوض: خدمة الفرد التحليلية بين النظرية والتطبيق، ، مكتبة عين شمس، 1994.

ثانيا: مهارة القيادة

قام كلا من داني كوكس وجون هوفر بدراسة على مجموعة من القادة الإداريين في بعض المنظمات، استطاعوا من خلالها تلخيص صفات القادة إلى عشر صفات هي (كوكس وهوفر 71-104):

1. صقل المقاييس العليا للأخلاقيات الشخصية: بحيث تكون الأخلاقيات الشخصية متطابقة مع الأخلاقيات المهنية.

2. النشاط العالي: بحيث يترفع عن توافه الأمور وينغمس في القضايا الهامة باعتبارها مهمة ومثيرة.

3. الإنجاز: بحيث تكون لديه القدرة على إنجاز الأولويات، غير أن هناك فرقا ما بين إعداد الأولويات وإنجازها.

4. امتلاك الشجاعة: فالشخص الجريء المقدام قد يلجأ إلى المشي على حافة بهدف إنجاز الأعمال مع تحمله النتائج المترتبة على ذلك والمسئولية الكاملة، في حين أن الشخص المسالم ذا الحركة البطيئة والثقيلة يعكف على المشي بحذر وعلى أطراف الأصابع بهدف الوصول إلى الموت بسلام.

5. العمل بدافع الإبداع: فالأفراد الذين يتمتعون بالحماس والإقدام لن يكون لديهم الصبر لانتظار رنين الهاتف من أجل البدء بالعمل، فالقائد الفعال هو شخص مبدع خلاق يفضل أن يبدأ بطلب المغفرة على طلب الإذن.

6. العمل الجاد بتفان والتزام: فالقادة الفعالون يقومون بإنجاز أعمالهم بتفان وعطاء كبير، كما يكون لديهم التزام تجاه تلك الأعمال.

7. تحديد الأهداف: فجميع القادة الفعالين يمتلكون صفة تحديد الأهداف الخاصة بهم، والتي تعتبر ذات ضرورة قصوى لاتخاذ القرارات الصعبة

8. استمرار الحماس: إن أغلب القادة يمتلكون حماسا مهما، فهـم تماما كالشـعلة التـي لا تنطفـئ لتبقى متقدة، فنمو القائد وتطوره يتطلب حماسا حقيقيا ملهما، وإذا كان الفـرد فـي حيـرة حـول الكيفية التي يمكن الحصول بها على ذلك الحماس، فما عليه إلا إعادة الصفات القيادية السـابقة لوجود علاقة وثيقة ومتراصة بين تلك الصفات.

9. امتلاك الحنكة: فالقائد الفعال هو ذلك الشخص الذي يمتلك مستوى رفيع مـن الحنكـة، بحيـث يتمكن من تنظيم المواقف الفوضوية.

10. مساعدة الآخرين على النمو: فالقادة الحقيقيون لا يسعون للنمو الذاتي فقط، وعندما يكـون جـو العمل سليما وصحيا وخاليا من التفاهات يتم حينها تبادل الأفكار بحرية مما يؤدي إلى التعاون.

أما السيد عليوة فقد حدد الصفات الشخصية والقيادية كما يلي (عليوة، 53):

● الصفات الشخصية:

1. السمعة الطيبة والأمانة والأخلاق الحسنة.

2. الهدوء والاتزان في معالجة الأمور والرزانة والتعقل عند اتخاذ القرارات.

3. القوة البدنية والسلامة الصحية.

4. المرونة وسعة الأفق.

5. القدرة على ضبط النفس عند اللزوم.

6. المظهر الحسن.

7. احترام نفسه واحترام الغير.

8. الإيجابية في العمل.

9. القدرة على الابتكار وحسن التصرف.

10. أن تتسم علاقاته مع زملائه ورؤسائه ومرؤوسيه بالكمال والتعاون.

● الصفات القيادية:

1. الإلمام الكامل باللوائح والقوانين المنظمة للعمل.

2. القدرة على اكتشاف الأخطاء وتقبل النقد البناء.

3. القدرة على اتخاذ القرارات السريعة في المواقف العاجلة دون تردد.

4. الثقة في النفس عن طريق الكفاءة العالية في تخصصه واكتساب ثقة الغير.

5. الحزم وسرعة البت وتجنب الاندفاع والتهور.

6. الديمقراطية في القيادة وتجنب الاستئثار بالرأي أو السلطة.

7. القدرة على خلق الجو الطيب والملائم لحسن سير العمل.

8. المواظبة والانتظام حتى يكون قدوة حسنة لمرؤوسيه.

10. سعة الصدر والقدرة على التصرف ومواجهة المواقف الصعبة.

11. توخي العدالة في مواجهة مرؤوسيه.

12- تجنب الأنانية وحب الذات وإعطاء الفرصة لمرؤوسيه لإبراز مواهبهم وقدراتهم.

13.الإلمام الكامل بالعلاقات الإنسانية وعلاقات العمل

يؤثر الموقف الذي يعمل فيه القادة وفرقهم على الاتجاهات التي يتبناها القادة، وليس هناك أفضل مـن الأسلوب المثالي للقيادة، و يتوقف الأمر على الموقف والعوامل المؤثرة في درجة ملاءمة الأسلوب وهي: نـوع المؤسسة، وطبيعة المهمة، وخصائص المجموعة، والأهم من ذلك شخصية القائد. أما إنجاز المهام بالأسـلوب المتحكم الإجرائي، قد يكون الأفضل في حالات الطوارئ أو الأزمات، وفي هـذه الظـروف سـتكون المجموعـة أكثر استعداداً للتوجيه ولإبلاغها ماذا تفعل.إلا أن القادة الأكثر اهتماماً بالحفاظ على علاقات

طيبة (الديمقراطي/ المتمكن/ التحويلي) سيكونون على الأرجح أكثر قدرة على تحقيق نتائج طيبة.

ومع ذلك فإن قائد الماضي البطولي يعرف كل شيء، ويمكنه عمل كل شيء وباستطاعته حـل كـل المشكلات، ولكن الآن فإن قائد ما بعد البطولات، أصبح في المقدمة، وهو الذي يسأل كيف يمكن حـل كـل مشكلة بطريقة من شأنها تنمية قدرة الأفراد الآخرين على التعامل معها.

أما السلوك الذي يقدره الأفراد في القادة فيتجلى في الصور التالية:

إظهـار الحماسة،مسـاندة الآخـرين،الاعتراف بالجهـد الفردي،الاسـتماع إلى أفكـار ومشـكلات الأفراد،التوجيه،إظهار التكامل الشخصي،الالتزام بفعل مـا يقول،تشجيع فريق العمل،تشجيع التغذية الاسترجاعية، وتنمية الأفراد الآخرين.

و تراجع القيادة نفسها وأعمالها وإنجازاتها وفقاً للعناصر التالية:

أ. المهمة:

- ما هو الشيء الواجب عمله ولماذا؟

- ما هي النتائج اللازم تحقيقها وفي أي مدة زمنية؟

- ما هي المشاكل الواجب التغلب عليها؟

- إلى أي مدى تعتبر هذه المشاكل مباشرة؟

- هل هناك أزمة؟

- ماذا يجب عمله الآن للتعامل مع هذه الأزمة؟

- ما هي الأولويات؟

- ما هي الضغوط التي يمكن استخدامها؟

ب.الفرد:

- ما هي نقاط قوته وضعفه؟
- ما هي أفضل الطرق المحتملة لتحفيزه؟
- ما هي المهام التي يبرع في أدائها؟
- هل هناك مجال لزيادة المرونة بتطوير مهارات جديدة؟
- ما مدى كفاءة أدائه في تحقيق الأهداف والوفاء بمعايير الأداء؟
- هل هناك أية مجالات تتطلب تنمية المهارات والكفاءة؟
- كيف يمكنني أن أدعم الفرد بنوع من المساندة والتوجيهات التي يحتاجها لتحسين أدائه؟

ج. الفريق:

- ما مدى حسن تنظيم الفريق؟
- هل يعمل الفريق معاً بصورة جيدة؟
- كيف يمكن تحقيق التزام وتحفيز الفريق؟
- ما هي الأعمال التي يقوم بها الفريق بكفاءة والأخرى التي لا يقوم بها بكفاءة؟
- ماذا يمكنني أن أفعل لتحسين أداء الفريق؟
- هل يتصف أعضاء الفريق بالمرونة والقدرة على تنفيذ مهام مختلفة؟
- هل هناك مساحة لمنح الفريق صلاحيات حتى يمكنه تحمل مسئوليات أكبر؟[1]

(1) أنظر:

- السيد عليوه: تنمية المهارات القيادية للمديرين الجدد، دار السماح، القاهرة 2001.
- كوكس وهوفر: القيادة في الأزمات، ترجمة هاني خلجة وريم سرطاوي، بيت الأفكار الدولية، نيويورك 2003.

القيادة في العمل مع الجماعات والمجتمعات

يمكن تحديد أبرز المهارات التي يجب على القائد أن يتحلى بها بما يلي:

1- أن يتوافر لدى القائد إمكانيات هائلة في المجال الاجتماعي، وهو يعمل كرمز للمثل العليا لأعضاء الجماعة، وينبغي أن يتصف بالسمعة الحسنة والقدرة على النجاح في أداء نشاط الجماعة.

2- أن يفهم اتجاهات الأتباع وقيمهم ومخاوفهم وإحباطاتهم ومثلهم العليا وأهدافهم.

3- أن يكون لديه خططاً وسياسات تتفق مع رغبات الجماعة وأهدافها.

4- أن يكون قادراً على التنظيم والإدارة وأن يكون له مساعدون مهرة.

5- أن يكون مرناً، وأن يتكيف بسرعة مع الظروف المستحدثة وبالشكل المناسب دون مبالغة أو جمود، حتى يتمكن من القيام بالدور المطلوب منه كقائد.

6- أن يكون ماهراً في خلق روح معنوية عالية في جماعته، وبارعاً في الإبقاء عليها، بمعنى أن نجعل أهداف الفرد ونشاطاته متوافقة مع أهداف الجماعة. [1]

القيادة داخل الجماعة

إن من أهم المهارات التي يجب على أخصائي الجماعة دعمها وتثبيتها لدى قادة الجماعات هي المهارات التالية:

1- القدرة على التكيف والتوافق النفسي والاجتماعي مع الآخرين.

2- الخبرة والمهارة الكافية في مجالات الأنشطة التي تمارسها الجماعة سواء من حيث تصميم هذه الأنشطة أو تسهيل عمليات تنفيذها.

3- القدرة على الخلق والتجديد والابتكار لصالح الجماعة.

4- الإحساس بالمسئولية وإدراك تبعاتها والثقة في قدرة الجماعة التي يتولى قيادتها.

---

(1) عبدالحليم عباس قشطة: الجماعات والقيادة، مطابع مؤسسة دار الكتب للطباعة والنشر، العراق، 1981.

5- القدوة الحسنة في السلوك الفعلي.

6- القدرة على التجاوب والتفاعل مع الآخرين. [1]

مهارات السلوك القيادي:

يتطلب السلوك القيادي التحلي بالمهارات التالية:

1- **التفاعل الاجتماعي:** من خلال المشاركة الاجتماعية الإيجابية في أعمال الجماعة وتحقيق التعاون والتكيف معها والسعي للحصول على تقبلها.

2- **اليقظة:** أي الانتباه والحذر والاستعداد الدائم وسرعة النشاط.

3- **تحقيق هدف الجماعة:** من خلال القدرة على التوجيه والإنجاز والتخطيط الجيد والمتابعة المستمرة.

4- **الشجاعة:** بالتغلب على الخوف والقدرة على العمل بجرأة.

5- **الحماس والإيجابية والمبادأة:** بالمساهمة الحقيقية في أنشطة الجماعة والقدرة على الابتكار والمثابرة والإسهام في مجال الأفكار والسلوك الصادر من الجماعة.

6- **قوة الشخصية والسيطرة:** وتعني القدرة على التأثير في أفراد الجماعة وفرض الإرادة عليه وحفزهم لتحقيق أهدافها، مع اتخاذ القرارات المناسبة المعبرة عنهم.

7- **التنظيم:** الذي بوضح المحددات المختلفة لجوانب نشاط الجماعة وفقا لضوابط وخطة زمنية محددة مع القدرة على تحقيقها وتحديد علاقات العمل.

8- **قوة التحمل:** وهي صفة ضرورية للقائد من الناحية العقلية والبدنية.

9- **التمثيل الخارجي للجماعة:** بأن يكون ممثلا لجماعته لدى الجماعات الخارجية الأخرى محققا لأهدافها في كل المجالات.

(1) عمليات الممارسة المهنية وتطبيقاتها في خدمة الجماعة، خدمة جماعة SOCI 332/2.مذكرات غير منشورة

10- **الذكاء**: أي اتصاف القائد بقدرة عقلية عالية تتيح له مواجهة المشكلات وحسن التصرف.

11- **التخطيط**: أي القدرة على تنسيق وتوجيه الجهود لتحقيق الأهداف المستقبلية.

12- **الحكمة**: أي القدرة على وزن وتقدير الأمور بميزان حكيم والوصول إلى قرارات سديدة موضوعية.

13- **العلاقات العامة**: من خلال تحقيق سلامة التماسك الاجتماعي مع القدرة على تكوين العلاقات السليمة مع أعضاء الجماعة والاتصال بكل الأطراف.

14- **التواضع**: أي تحرر النفس من التعاظم والغرور.

15- **الروح المرحة**: أي تقبل المتاعب بروح مرحة مع إشاعة جو من البهجة داخل الجماعة.

16- **العدل**: أي أن يكون القائد عادلا منصفا في معاملة جميع مرؤوسيه بروح تسودها المساواة مع عدم المحاباة سواء في الثواب أو العقاب.

17- **التقدير والتقبل والاعتراف المتبادل بين القائد والأتباع**: مـن خـلال إشـباع جـو مـن المحبـة والألفـة والاعتراف بين الطرفين مع الالتفاف حوله وتشجيعه وتقديره والاحتكام إليه واعتباره صورة لـلأب المثالي.

18- **الولاء**: سـواء لوطنـه أو وحدتـه أو رؤسـائه أو مرؤوسـيه، مـع تنفيـذ التعليمات والقوانين طوعـا، وإطاعة الرؤساء.

19- **الإنتاج**: القدرة على تشغيل الآخرين وحثهم على العمل ومتابعة عطائهم والوصول إلى أقصى طاقـة إنتاجية لهم.

20- **الثقافة**: بث القيم والأفكار والمعايير التي تتمشى مع أهداف الجماعة، وتثري ثقافتها وتثقل خبرتها.

21- **الاجتماعية والمشاركة الوجدانية**: حـل الصراعـات والمشـاكل بـين الجماعـة جمـع شـمل أعضائها، وتخفيف حدة التوتر بين أفرادها، مع مشاركة الغير في مشاعرهم.

22- **التوافق الاجتماعي النفسي**: من خلال خصائص معينة كالثبات والرزانة وردود الفعل المناسبة تجاه المثيرات المختلفة.

23- **القيم الدينية**: من خلال الإيمان باللـه وتنفيـذ تعـاليم الـدين والإخلاص ومراعـاة الضـمير والخلـق، والتمسك بالقيم الروحية والإنسانية والمعايير الاجتماعية.

24- **النزاهة والأمانة**: والسمعة الطيبة والتواضع في كل التصرفات.

25- **الديمقراطية**: فلا يصمم على فكرة في الأمور العامـة غـير القاطعـة، وأن يشـارك أعضـاء الجماعـة في اتخاذ القرارات، بعد مناقشات واعية حرة.

26- **إنكار الذات**: ويقصد به البعـد عـن الأنانيـة، أي تجنـب القائـد تركيـز العنايـة بمصالحه الخاصة، وتفضيلها على الصالح العام.

27- **الامتياز الفردي**: في مجال القـدرات العقليـة المرتفعـة والصـحية الملائمـة والمظهـر اللائـق والثقافـة العالية و القدرة التعبيرية والخطابية السليمة الجاذبة.

28- **اللياقة**: ويقصد بها القدرة على معاملة الرؤساء والمرؤوسين بشكل لائق ومناسب.

29- **أن يعمل لصالح الجماعة**: دون أنانية أو اتكالية أو تركيز على منفعة شخصية.

30- **الحسم والحزم**: من خلال الحفاظ على النظام وإتباع سياسة متوازنة تعتمد عـلى الثـواب والعقـاب المناسب والعدل المطلق والموضوعية، مع البت في الأمور في الوقت المناسب.

31- **الأخلاق الحميدة**: والصفات النبيلة والخصال المرغوبة مثل التواضع والتأدب، وسعة الصـدر، والرغبة في المعرفة

هذا،مع تميزه بالموضوعية، والمنطقية في التفسير، والقدرة على التنبؤ واتخاذ القرارات وإمكانية الوصول إلى الحقائق المجردة، وإيجاد العلاقات بين المتغيرات والإبداع وخصوبة الخيال وسعة الأفق والصدر والمثابرة والجلد والطموح والخبرة الواقعية بمشكلات الجماعة، والجدية في الإنتاج، وتفهم طبيعة وخصائص ومطالب العمل ومعاييره ومعدلات أدائه، والقدرة الدءوبة والجهد المستمر، مع القدرة التنظيمية والكفاءة التنسيقية وفهم الآخرين والقدرة على الاتصال بهم وتحديد أدوارهم ومهامهم، وحفزهم والحفاظ على روحهم المعنوية وتشغيلهم بروح الفريق. [1]

---

(1) محمد شفيق: الإنسان والمجتمع مقدمة في السلوك الإنساني ومهارات القيادة والتعامل، المكتب الجامعي الحديث، الإسكندرية، 1997.

الفصل السادس

تطبيقات عملية للمهارات المهنية

أولا: مقطع تسجيلي للعمل مع الأفراد

(1) حضر الفتى إلى مكتب الأخصائية الاجتماعية بناء على استدعائها،رحبت به وعرفته بنفسها.عند استفسارها عن شكواه أجاب بصوت عال و بدون انفعال ، بأن أبويه البديلين يتهمانه بأمور لم يرتكبها، ويشعر بأنهما قد ملا إقامته معهما، وقد تشاجر أمس مع أبيه الذي يطالبه بترك دراسته والعمل لمساعدته، و أضاف بأنهم عرفوا جميع أهل الحي ليس من ذريتهم، استوضحته الأخصائية عما يمكن أن تفعله من أجله فقال بعد تردد أنه يريد منها استعادة حاجياته من المنزل حيث قرر أن ينتقل ليعيش بمفرده بعيدا عنهما. (2) عقبت الأخصائية بأنها حديثة العمل في المكتب وإن كانت ترى أن قراره بترك الأسرة خطير ويهدد مستقبله.

سادت فترة صمت قطعتها الأخصائية بالاستفسار عن بعض البيانات العامة، فذكر لها البيانات الموضحة في مقدمة الحالة (3) تساءل الفتى إذا كانت الأخصائية الأصلية سيطول غيابها، فأجابته بالتمهل لحين مقابلتها للأسرة لمحاولة تسوية الأمور بينهما. ولما أثير موضوع مبيت الفتى اليوم لحين مقابلة الأخصائية للأسرة في الغد (4) اقترحت الأخصائية الزميلة لها بالحجرة إيداع الفتى في دار الضيافة مؤقتا فوافق الجميع على ذلك وتم إرساله.

وفي نفس اليوم حضرت الأم البديلة إلى المكتب بنفسها ، بدت في مقتبل العمر ، تساءلت في قلق شديد عن الفتى الذي تغيب منذ الأمس، وأبدت مخاوفها بصوت متهدج من أن يكون قد عاد إلى شلة الفساد التي علمته التدخين والقمار بل كاد يدخل السجن بسببهم وطمأنتها الأخصائية عن وجود الفتى بالمؤسسة، وذكرت تفاصيل ما حدث. أنكرت بشدة ادعاءاته على الأسرة وعددت الأخصائية مظاهر الرعاية التي يحظى بها من مال ومدرسين وأخصائيين، بل كيف كانت وما تزال تتستر على تصرفاته الشاذة مع أولاد الجيران، ولا تطلع زوجها عليها، ومشكلته مع زوجها هي في كونه لا يصلي،

وخصوصا أن زوجها شديد التدين، حاد المزاج، وكثيراً ما يتشاجر معها لاعتقاده أنها أسرفت في تدليله حتى أفسدته. (5) أطلعت الأخصائية على ملف الفتى، وعلمت أنه لقيط تولت حضانته ثلاث حاضنات بالأجر، جف فجأة لبن الأولى وأهملته الثانية صحيا أما الثالثة فرغم أنها منحته عناية أكبر إلا أنه لم يرتاح لوجده معها ، أمضى عامين بإحدى دور الإيواء، قبل أن تتسلمه الأسرة البديلة منذ ثمان سنوات.

كما ورد في تقرير دار الإيواء أن الطفل متأخر جدا في تحصيله الدراسي، كثير الشغب، قليل الاختلاط بالآخرين، ، وورد في آخر تقرير للأخصائية التي تزور الأسرة دوريا بأن الوالدين البديلين يعتنيان كليا بالطفل، وإن كان بحاجة إلى توجيه في أسلوب تعاملهما معه خلال مرحلة المراهقة، كما أنها نبهت الأم إلى عدم الإشراف على استحمامه، وتجنب وجود المجلات والصور الخليعة بين يديه، كما نصحت بأهمية البحث عن مسكن بغرفتين، بدلا من الغرفة الواحدة الحالية.

جاء ضمن مستندات الملف أن الأم الأصلية على اتصال مستمر بالمكتب سراً للاطمئنان على ابنها، وهي قد تزوجت، وتفضل كتمان أمرها على ابنها.

أعيد الفتى إلى المؤسسة، تمهيدا للمقابلة المشتركة مع الأم البديلة، وذكرت مشرفة المؤسسة للأخصائية تلفونيا أنه (6) متعب وضبط يتحول ليلا حول عنبر نوم الصغار، وتوسل إليها ألا تخبر المكتب بما فعله.

كان الفتى قبل حضور الأم عابسا، يشكو آلاما في ظهره، و لدى استفسار الأخصائية عما يشكو منه، أجاب بأن البرد كان شديدا بالمؤسسة ولم يستطع النوم.. (7) علقت الأخصائية بإبداء دهشتها من ذلك، حيث الجو كان بالأمس حارا أكثر من **المعتاد**، تمهل قليلا ثم أجاب بأنه على العموم لم يسترح هناك.

بعد مناقشة حول ما دار بين الأخصائية وبين الأم (8) تساءلت الأخصائية عما إذا كان يشعر بأنه يخلق المتاعب لنفسه، قبل أن يخلقها له الآخرين، احتد الفتى ونفى ذلك، إلا أن الناس دائما تظلمه، واجهته الأخصائية بما حدث منه بالمؤسسة، وبالمنزل،

وكيف كان يضللها في ادعائه بعلم الأسرة بأشياء لم تحدث، كما واجهته بمرات هربه السابق من الأسرة، و قيامه بمسلكيات انحرافية.

بدا عليه الشحوب اثر ذلك، و عاد لينكر ما حدث، متهما الأخصائية بالتحيز لأنه تكذبه هو وتصدق الآخرين، وقال بصوت حاد بأنه سيهرب ويريح الناس منه... (9) عقبت الأخصائية بأن من حقه أن يتصرف كما يشاء، ولكن المكتب لن يساعده بعد ذلك إذا لم يستجيب لتوجيهاته.، فأخذ يبكي... وتعاطفت الأخصائية مع مشاعره، وذكر أنه شخص حساس وقادر أن يكون في وضع أفضل مما هو عليه ولكن تهوره يخلق له العديد من المشاكل... (10) وافق الفتى على المقابلة المشتركة مع الأم وجلس في انتظارها.

مناقشة الحالة:

1. دعوة الأخصائية للفتى إلى مكتبها تقصد به الإيحاءاليه بمدى اهتمامها به، وفي مكان يطمئن فيه أصحاب الحالات على أسرارهم، ثم رحبت به وقدمت نفسها إليه، وذلك من أهداف المقابلة الأولى، حتى يشعر الفتى باحترامه والاهتمام به، وذلك تطبيق لمفهوم التقبل، وهذا من المبادئ الأساسية في خدمة الفرد، وذلك لكي تتمكن الأخصائية الاجتماعية من تهيئة مناخ جو مناسب، يسمح لأصحاب الحالات بالتعامل مع الأخصائية.

2. تصرفت الأخصائية تصرفا مهنيا خاطئا بقولها أنها حديثة العمل في المكتب، أوحى للفتى بعدم مقدرتها وعدم كفاءتها ، مما أدى إلى افتقاد الثقة من قبله تجاه الأخصائية، وبالتالي يعطل تكوين العلاقة المهنية.أما قولها بأنها ترى أن قراره بترك الأسرة خطير ويهدد مستقبله، فهو محاولة من جانبها ا لربطه بالواقع ومواجهته بما فيه من ألم، إلا أن ذلك يجب أن لا يتم قبل إقامة العلاقة المهنية

3. كان رد فعل الفتى طبيعيا، عندما تساءل عما إذا كان غياب الأخصائية الأصلية سيطول، فأظهر بذلك بأن الأخصائية البديلة لا تستحق ثقته، وأنه شعر بعدم قدرتها على مساعدته.

4. إن اقتراح الأخصائية الاجتماعية الزميلة لها بالمكتب بشأن إيداع الفتى في دار الضيافة مؤقتا يعتبر تصرفا غير سليم من جانب الأخصائية الاجتماعية، فكيف توافق على انتزاع الطفل من أسرة نشأ فيها وتربى منذ سنوات، ووضعه في مؤسسة بعد هذه السنوات الطويلة وكيف يوضع فيها مؤقتا وأسرته موجودة.

أما بالنسبة لتدخل الأخصائية الزميلة في الحديث وإبداء الرأي فيمكن مبادرتها تصرفا سليما، على اعتبار وجود سرية جماعية بين فريق واحد من الأخصائيات، إلا أنه من الواجب أن لا يتم ذلك إلا بعد أخذ موافقة صاحب الحالة على إشراكهم.

5. اطلاع الأخصائية الاجتماعية على ملف الحالة، تصرف مهني سليم من جانب الأخصائية، لأن الاطلاع على الملفات أمر ضروري، وهو أحد المصادر الأساسية في دراسة الحالة.

6. كون الفتى متعبا يعتبر أمرا طبيعيا، بسبب ما يعانيه من مؤثرات وضغوط كالشعور بالنقص والشعور بعدم الانتماء،أما موقف ضبطه يحوم ليلا حول عنبر نوم الأطفال فانه يحاول إشباع رغباته الجنسية الشاذة حيث أنه يعاني من شذوذ جنسي وتوسل إلى الأخصائية ألا تخبر المكتب بما فعله خوفا من طرده من المؤسسة أو خوفه من التجريح، وخاصة بالنسبة لهذا الموضوع المخجل.

7. تساؤل الأخصائية عما يشكو منه الفتى سؤال مفتوح تتيح فيه الأخصائية الفرصة أمامه لأن يعبر عن مشاعره السلبية بالإضافة إلى إشعاره باهتمامها به، ولكنه لجأ إلى أحد مظاهر المقاومة، وهو تبرير كأحد الحيل الدفاعية الهروبية التي يتهرب بها من نقد الغير لتصرفاته الخاطئة، وعندما علقت الأخصائية بإبداء دهشتها من ذلك حيث قالت الجو بالأمس كان حائر على غير العادة فهي محاولة من الأخصائية لجذبه إلى الواقع بطريقة غير مباشرة، وإن كان ذلك سيغضبه مؤقتا، إلا أنه سيحترم الأخصائية، ويثق فيها لأنه يعلم بأنه يتهرب من الواقع.

8. احتد الفتى عندما تساءلت الأخصائية عما إذا كان يشعر بأنه يخلق المتاعب لنفسه قبل أن يخلقها له الآخرين، ونفى ذلك قائلا أن الناس تظلمه دائما ، فواجهته ا بما حدث منه بالمؤسسة وبالمنزل، وكيف كان يضللها حول علم الأسرة بأمور لم تحدث كما واجهته بمرات هربه السابق من الأسرة وسيره في مسلكبات انحرافية. وهذا محاولة من الأخصائية بتبصيره بخطأ تصرفاته و حتى يعرف أنه السبب في خلق المتاعب.

9. يعتبر تعقيب الأخصائية الاجتماعية بأن من حقه أن يتصرف كما يشاء ولكن المكتب لن يساعده بعد ذلك إذا لم يستجيب لتوجيهاته،:تصرفا مهنيا سليما من جانبها، وذلك بعد أن لجأ الفتى إلى الهروب والمقاومة ، فقد منحته حق تقرير المصير وأعطته حرية التصرف، إلا أنها لجأت إلى الضغط مرة أخرى عندما هددته باستخدام سلطة المؤسسة.

10. بعد أن قامت الأخصائية الاجتماعية في الضغط على الفتى، عادت وتعاطفت معه، حتى تخفف من الآثار السلبية التي نتجت عن هذا الضغط ،وبعد أن نجحت في تحطيم مقاومته، وتخليصه من دفاعاته، بتكوين العلاقة المهنية التي ظهرت بوادرها عندما وافق أن تقوم الأخصائية بعمل المقابلة المشتركة وهذا يدل على بداية للعمل المهني مع الأخصائية.

ثانيا: مقطع تسجيلي للعمل مع أهالي المجتمع

عين أحد الأخصائيين الاجتماعيين في أحد المجتمعات الريفية، وبعد التعيين و بداية العمل بـدأ بإجراء دراسة للمشكلات التي يعاني منها المجتمع والتعرف على المؤسسات الموجودة به، وكـذلك القيـادات التي يمكن الاستعانة بها في مواجهة تلك المشكلات، وبعد مضي ستة أشهر قام بعقد اجـتماع مـع المسـئولين في المجتمع وبعض الممثلين من أبناء المجتمع، حيث عرض المشكلات التي تمكن من التوصل لهـا مـن خـلال دراسته، وكانت على النحو التالي:

إنشاء مركز للرعاية الصحية الأولية، إلا أن أفراد المجتمع ذكروا أنهم يريدون تعبيد الطرق لأنهـم يجدون صعوبة في استخدام وسائل المواصلات، وأضاف فريق آخر من الأهالي رغبتهم في الحصول على دعم مالي لتحسين المحاصيل وتحقيق الاكتفاء الذاتي للقرية.

وبعد عرض هذه المشكلات تحدث المسئول عن وزارة الصحة على أن إنشاء مشروع مركز الرعاية الأولية يحتاج إلى قطعة أرض، فإذا ما وجد من يتبرع بها فلا مانع مـن القيـام بإنشاء هـذا المشـروع، وقد لوحظ إقبال عدد كبير من أفراد المجتمع بالتبرع بقطعة الأرض، عندها تدخل الأخصائي الاجتماعـي، وقـال أنه من الممكن تشكيل لجنة لدراسة الموضوع على أن يتولى الأستاذ أحمد القيام برئاسة هذه اللجنة، إلا أن أفراد المجتمع تساءلوا لماذا يتم اختيار الأستاذ أحمد رئيسا للجنة، فأجابهم الأخصائي بأنه لا داعي لإضاعة الوقت في اختيار رئيس للجنة، مما أدى إلى شعور أعضاء المجتمع بالاستياء.

ثم قام الأخصائي الاجتماعي بالبدء في مناقشة المشكلة الثانية، وهي الخاصة بتعبيد الطرق، وقـد تبين من خلال عرض المشكلة أن هذا المشروع يحتاج إلى إمكانيات كبيرة، وإلى رفع الموضوع إلى الجهـات المتخصصة، أما المشكلة الثالثة فقد تم تأجيلها لعدم

وجود وقت كاف ،لأن المجتمعين قد أمضوا كل الوقت في معالجة المشكلتين السابقتين، بعدها تم الاتفاق على عقد اجتماع في اليوم الأول من الشهر المقبل.

مناقشة التصرفات المهنية التي قام بها الأخصائي الاجتماعي:

كان تصرفا مهنيا سليما، من جانب الأخصائي الاجتماعي لأنه التزم بالأسس المهنية لطريقة العمل مع المجتمع، والتي تتصل بالبدء مع المجتمع حيث هو، والدراسة المنظمة للمجتمع، كذلك استخدام أحد خطوات الطريقة وهي الدراسة السليمة، للتعرف على حاجت ومشكلات ومؤسسات والجهود السابقة والموارد المتاحة، وعدد المتضررين من المشكلات في المجتمع، وهو إجراء ضروري لتحديد واقع المجتمع ومشكلاته، حتى يستطيع الأخصائي الاجتماعي العمل في هذا إطار.

1- بعد مضي حوالي ستة شهور بدأ الأخصائي الاجتماعي في عقد اجتماع مع المسئولين،و هو تصرف مهني غير سليم من جانب لأنه لم يلتزم بأحد المبادئ الأساسية بطريقة العمل مع المجتمع، ألا وهي التوقيت المناسب لبدء العمل والقيام بعمليات الاتصال، مما يؤدي إلى ضعف مكانة الأخصائي مع المجتمع الذي يعمل معه.الأمر الذي بدوره يؤدي إلى انصراف الأهالي عن المشروعات التي يقوم بها المنظم.

2- كما أنه لم يحاول جعل الأهالي يشاركون في هذه الدراسة أو التحضير والإعداد لهذا الاجتماع،إذ كان عليه أن يحصر المشكلات بمشاركة الأهالي، ثم يعقد اجتماعا خلال فترة شهر لمناقشة هذه الموضوعات مع أفراد المجتمع وقياداته، تدعيما لمبدأي المسئولية الاجتماعية ومشاركة المواطنين في جهود التنمية.

3- اقترح أعضاء المجتمع تعبيد الطرق المؤدية إلى القرية، لأنهم يجدون صعوبة في استخدام المواصلات.

يتضح من هذا الموقف:أن أهالي المجتمع لديهم إدراك قوي لاحتياجاتهم الأساسية، كما أنه لديهم الرغبة في التحرك لحل المشكلات. لذلك يمكن القول أن هذا المجتمع مدرك وواعي، إلا أنه يحتاج إلى مساعدة على التحرك بشكل علمي، لذلك يجب على

الأخصائي الاجتماعي أن يستفيد من رغبة وحماس المجتمع في التحرك، والمشاركة في دراسة المجتمع، والتعرف على احتياجاته، ووضع الخطط وتنفيذها بمشاركة المواطنين.

4- التزم الأخصائي الاجتماعي بأحد المبادئ الأساسية بطريقة العمل مع المجتمع، وهي الاستعانة بالخبراء والمتخصصين في إطار فريق عمل، ممن لهم خبرات تتصل بالمشروع، حيث أتاح الفرصة للمسؤول من وزارة الصحة للتحدث حول المشروع المطروح في الاجتماع، كذلك استخدم أحد خطوات طريقة تنظيم المجتمع، وهي الدراسة العلمية لحاجات ومشكلات المجتمع، والعمل على ترتيب أولوياتها، في ضوء آراء واتجاهات المواطنين.

5- إن إقبال عدد كبير من أفراد المجتمع بالتبرع بقطعة الأرض، يدل على أن أهالي المجتمع لديهم إدراك ووعي بخطورة المشكلة، وهذا اتضح في سعيهم إلى التبرع المادي بقطعة أرض لإنشاء المشروع، وهذا ما ينعكس على مفهوم المشاركة كمبدأ، ومفهوم الانتماء الناتج عن المشاركة الفعلية في مشروعات تتصل باحتياجاتهم الرئيسية، وهذا هو جوهر عملية العمل مع المجتمع.

6- تدخل الأخصائي الاجتماعي قائلا أنه من الممكن عمل لجنة لدراسة الموضوع. وهو تصرف مهني سليم من جانبه، لأنه استخدم فيه أحد الأدوات الرئيسية لطريقة العمل مع المجتمع، و أعني اللجنة، باعتبارها وسيلة هامة للعمل على دراسة المشروعات والموضوعات بطريقة علمية متأنية، لما تضمه من عناصر مختلفة الخبرات، تساعد على إيجاد حلول للمشكلات المطلوب إيجاد حل لها.

7- إسناد رئاسة اللجنة إلى الأستاذ محمد، تصرف مهني غير سليم، لأنه لم يلتزم بأحد المبادئ، ألا وهو مبدأ الديمقراطية والشورى، لأنه يعلم جيدا أن المجتمع لديه القدرة والوعي على تحديد أهدافه والتحرك لإنجازها، إلا أنه لم يطبق معهم مبدأ تقرير المصير، و كان عليه أن يتيح الفرصة كاملة لأفراد المجتمع، في أن يكتسبوا صفة القيادة والتبعية، والتي من خلالها يتحملون المسئوليات ويختارون رئيسا مناسبا للجنة وفقا لاتجاهاتهم،

بشكل يؤدي إلى أن يكون ذلك قد ساهم في تطبيق الموضوعية المسئولية الاجتماعية كمبدأ في العمل الاجتماعي.

8- إجابة الأخصائي بأنه لا داعي لإضاعة الوقت في اختيار رئيس للجنة تصرف مهني غير سليم، لأنه كان على الأخصائي ضبط مشاعره و أن يتحلى بالصبر والموضوعية ، كما كان عليه أن يستخدم المهارات المتصلة بتحليل المواقف المجتمعية، من خلال إدراكه لوعي المجتمع ونضجه ورغبته في المشاركة وتحمل المسئولية الاجتماعية.

9- عند مناقشة المشكلة الثانية، وهي الخاصة بتعبيد الطرق، كان تصرفا مهنيا سليم من جانب المنظم الاجتماعي لأنه التزم بتطبيق أحد المبادئ في طريقة العمل مع المجتمع، ألا وهي الاستعانة بالموارد الخارجية، و كان لديه المهارة في تطبيق مبدأ الواقعية، عندما استخدمه في دراسة المشروعات والاحتياجات، التي يسعى المجتمع إلى تحقيقها، من خلال تشكيل اللجان والاستعانة بالخبراء والمتخصصين كأحد المبادئ الأساسية.

10- أما المشكلة الثالثة فقد أحيلت إلى الاجتماع القادم. و هو تصرف مهني سليم من جانب الأخصائي الاجتماعي، لأنه استخدم أحد الأدوات الرئيسية وهي الاجتماعات، التي تضم العديد من أعضاء المجتمع، بالتشاور في موضوع معين واتخاذ قرار بشأنه، ومن جانب آخر ركز على مبدأ حق تقرير المصير، والذي اتضح بإعطاء الحرية للأعضاء في المجتمع بتحديد الموعد، وهذا بدوره يعمل على تدعيم العلاقة بين الأخصائي الاجتماعي والمجتمع.

Printed in the United States
By Bookmasters